I0474174

Le Guide Du Marketing Sur Pinterest

Les Bonnes Astuces Pour Debuter Et Faire Des Affaires Avec Pinterest, La Nouvelle Tendance Du Web

GABRIELA TAYLOR

Avis Juridique

L'éditeur et l'auteur se sont efforcés d'être aussi précis et aussi complets que possible dans la création de ce livre. Le contenu qui s'y trouve est exact et à jour au moment de la rédaction, cependant l'éditeur reconnaît qu'en raison des évolutions rapides dans le domaine d'Internet, certaines informations peuvent ne pas être totalement à jour au moment de la lecture.

Bien que toutes les mesures aient été prises pour vérifier les informations fournies dans cette publication, l'auteur n'assume aucune responsabilité concernant les erreurs, les omissions ou les interprétations contraires relatives au contenu du présent ouvrage. Toute offense perçue par un individu ou un organisme est non intentionnelle.

Tous Droits Réservés

Dédicace

Ce livre est dédié à mon mari pour sa foi en moi. Sans son amour et son soutien inconditionnels, l'écriture de ce livre n'aurait pas été possible, et ma vie et mon travail manqueraient de précision et d'orientation.

Je t'aime.

SOMMAIRE

A PROPOS DE CE LIVRE

Ce livre représente plus de huit mois de recherche et de test lors de l'utilisation de Pinterest pour mes clients et pour ma propre présence en ligne. Je suis persuadée qu'aucun livre actuellement disponible sur Pinterest ne vous fournira un guide aussi complet sur le site ou une description aussi précise des avantages pour les particuliers et pour les entreprises associés à l'utilisation de ce média en pleine expansion.

Comment tout a commencé pour moi ? En tant que professionnelle du marketing, je veille à me tenir informée des dernières tendances et des nouveaux médias. Je reçois des milliers d'e-mails, de tweets, et de liens vers des blogs tous les jours, et chacun a ses propres mérites, que l'on parle des derniers outils d'optimisation web, de conférences sur les réseaux sociaux ou de lancements pour l'année à venir en termes de technologie. Généralement, ces tendances disparaissent et je n'en entends plus parler, cependant un nom en particulier a régulièrement pénétré mon monde au cours des 12 derniers mois et dispose d'une voix de plus en plus forte, comme une boule de neige qui dévale une colline... PINTEREST.

Après avoir entendu autant de choses sur Pinterest, il devint évident pour moi que cette tendance récente était plus qu'une mode, et j'ai décidé de l'observer plus en détail. Mes premières impressions n'étaient pas très positives. Etant une personne très organisée, ma première pensée lorsque j'ai observé Pinterest pour la première fois a été que le site était très désordonné, avec de nombreuses images sans rapport entre elles. Je n'arrivais pas à comprendre quelle était la vocation du site ni quel était son but. Néanmoins, j'ai pensé à l'essayer et à demander une invitation, et vous connaissez la suite.

Au cours des 8 dernière mois, j'ai appris tout ce que j'ai pu apprendre sur Pinterest, je l'ai autant utilisé que j'utiliserais normalement Facebook ou Twitter, et je me suis retrouvée légèrement dépendante aux charmes de Pinterest.

Pinterest, une fois que vous maîtrisez ses manières excentriques, est un rêve pour les professionnels du marketing, je vous expliquerai pourquoi tout au long de ce livre. Ce livre constitue une boîte à outils pratique pour vous aider à ouvrir les portes de ce nouveau phénomène de média social et pour vous aider à atteindre vos objectifs, quels qu'ils soient : **faire connaître une marque, augmenter le trafic vers votre site, générer des leads (prospects) ou des**

ventes d'affiliation, ou profiter simplement de la simplicité et de la beauté du Pinterest.

Pinterest ne disposant pas au moment de la publication de ce livre d'une traduction en français, nous proposons une traduction de certains termes étroitement liés au site qui pourrait ne pas être identique à celle dont pourrait faire l'objet Pinterest à l'avenir. Voici les termes en anglais ainsi que les traductions que nous avons utilisées dans ce livre:

- **Pinner = Epingleur**

- **Pin it = Epingler**

- **Board = Tableau**

- **Repin = Réépingler**

- **Pinning = Epinglage**

- **To pin = Epingler**

- **Pin = Epingle**

- **Follower = Suiveur**

- **Following = Suivi**

- **Like = J'aime**

Bien entendu, en cas de traduction du site Pinterest, les termes utilisés dans ce livre seront également mis à jour.

1

QU'EST-CE QUE PINTEREST?

Pinterest, le dernier phénomène en termes de réseaux sociaux, a connu un développement majeur et a pour objet de connecter des personnes du monde entier via les "choses" qu'elles aiment.

Image 1: Page d'accueil de Pinterest

Il a été qualifié de site de partage de photos, de tableau d'affichage personnalisé, de site de partage de signets, d'exutoire créatif, de magazine personnalisé, et de bien d'autres choses. Dans tous les cas, en mai 2012 il comptait plus de 38 millions d'utilisateurs à travers le monde (mais à peine 420.000 en France), la plupart provenant des Etats-Unis et du Royaume-Uni.

Ce qui est encore plus intéressant, c'est que la majorité des utilisateurs de Pinterest en Amérique sont en fait des utilisatrices âgées de 25 à 44 ans, alors qu'en dehors des Etats-Unis, il y a plus d'utilisateurs masculins: 62% au Royaume-Uni, 77% en France et 52% au Japon (AdPlanner). Aux Etats-Unis, la mode et l'artisanat dominent les tableaux, alors qu'au Royaume-Uni Pinterest est essentiellement utilisé par des entreprises, en particulier pour des présentations.

Image 2: Source Mashable

Le site Pinterest (www.pinterest.com) crée une dépendance. Plus de 20% des utilisateurs de Facebook sont quotidiennement sur Pinterest. Ne vous y trompez pas: vous passerez des heures à faire des recherches sur le web, sur les tableaux d'autres personnes et à épingler des blogs, des recettes et des articles sur vos propres tableaux. Vous créerez également de nombreux autres tableaux à thème au fil du temps. Il n'est pas rare que des personnes passent des heures à "épingler".

Certaines statistiques sur internet ont montré que les utilisateurs de Pinterest passent plus de temps sur ce nouveau réseau que sur Twitter, Linkedin et Google+ combinés, et cinq fois moins de temps que sur Facebook.

De nombreuses personnes peuvent vous suivre à partir de vos autres sites de médias sociaux, mais vous pouvez également vous faire de nouveaux amis avec ceux qui ont des centres d'intérêt similaires sur Pinterest. Si vous êtes un passionné de cuisine par exemple, vous pouvez trouver des centaines (au moins) d'autres passionnés de cuisine avec qui partager des recettes. Si vous aimez le sport ou les voitures, il en va de même, vous partagerez et vous épinglerez en un rien de temps.

Pinterest est amusant, mais il est également lucratif et il est destiné à devenir une plateforme marketing vitale pour une grande variété d'entreprises. Des écrivains, des professionnels du marketing sur internet, des organisateurs d'évènements et beaucoup d'autres ont découvert que Pinterest peut amener des personnes à s'intéresser à leur travail ou à leur produit avec très peu d'effort. Même pour ceux qui ne sont pas là pour gagner de l'argent, cette aventure peut être divertissante et instructive, et elle vaut bien une visite.

2
L'HISTOIRE DE PINTEREST

Google est né sur le campus de Stanford, Facebook sur celui de Harvard et Pinterest sur celui de Yale. Wikipédia indique que tout a commencé en décembre 2009 à Palo Alto en Californie, lorsque trois amis se sont réunis pour travailler sur un projet commun: Ben Silbermann (qui a étudié l'architecture et a occupé un poste de spécialiste produit chez Google), Evan Sharp (qui a occupé un poste de concepteur produit chez Facebook et qui a fondé HeaderFooter Design) et Paul Sciara (qui a été diplômé de Yale en 2003 et qui a fondé Cold Brew Labs qui fut créée en 2008 et qui est désormais la dénomination sociale de Pinterest).

Image 3: A partir de la gauche, les fondateurs : Paul Sciarra, Ben Silbermann et Evan Sharp. Source : Mathew Scott pour Bloomberg, Businessweek

Après son lancement dans une version beta en mars 2010, Pinterest séduisit bien plus de secteurs que les fondateurs l'avaient envisagé. Les gens commencèrent à l'utiliser pour prévoir des anniversaires, des mariages ou des vacances, pour faire des projets manuels ou pour créer des listes des choses qu'ils souhaiteraient porter ou posséder.

Depuis son lancement, le site fonctionne uniquement sur invitation et c'est techniquement encore le cas bien que cela n'ait pas empêché la société de passer de 40.000 visiteurs uniques en octobre 2010 à 3,2 millions en octobre 2011, puis à des nombres remarquables de 110 millions de visiteurs uniques en mai 2012. Reportez-vous aux graphiques sur la page suivante (fournis par Google Ad Planner) qui montrent le remarquable développement rapide de Pinterest dans le monde entier. Comme mentionné précédemment dans ce livre, il y a également une énigme inhabituelle en termes d'adoption et d'utilisation entre les données démographiques des différents pays. Au Royaume-Uni, Pinterest a tendance à être adopté en tant qu'ensemble d'outils marketings et commerciaux, alors que les Etats-Unis ont tendance à présenter une adoption plus "domestique".

Etats-Unis

Daily Unique Visitors (cookies)

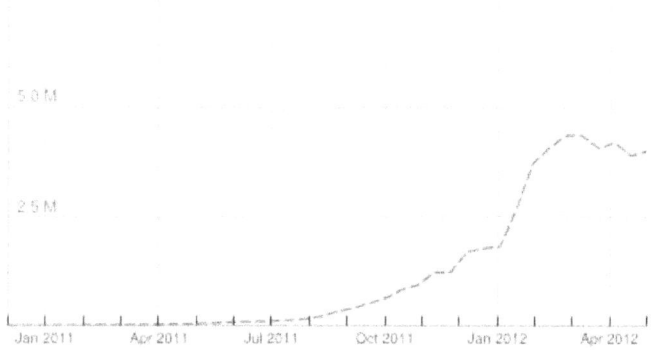

Royaume-Uni

Daily Unique Visitors (cookies)

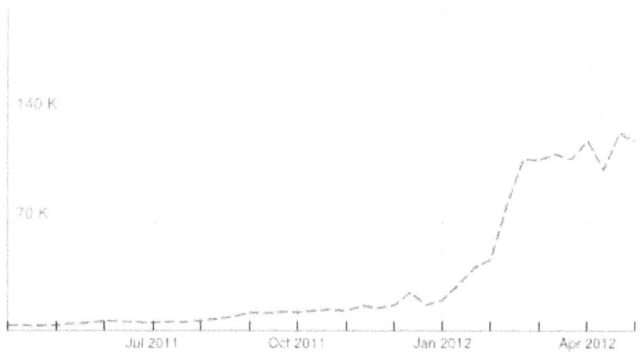

Allemagne

Daily Unique Visitors (cookies)

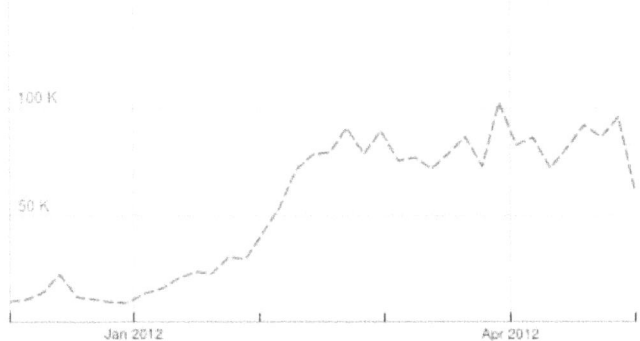

France

Daily Unique Visitors (cookies)

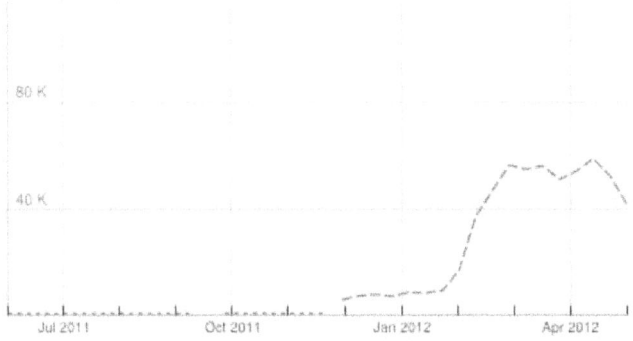

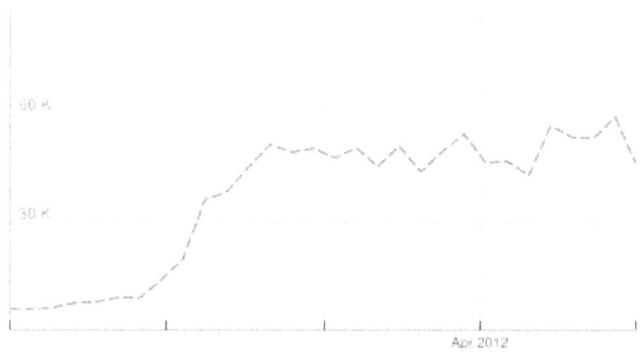

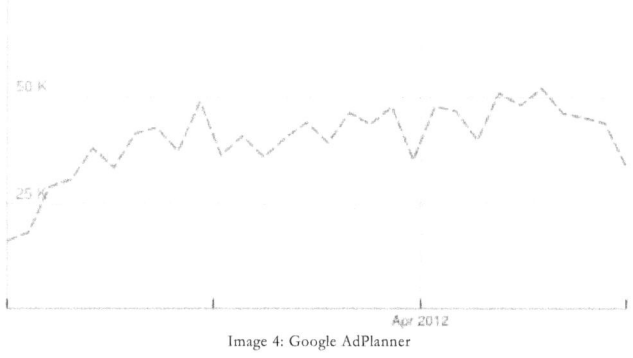

Image 4: Google AdPlanner

Le développement de Pinterest dans toute l'Europe est un phénomène en soi, et je pense qu'il ne s'agit que d'un début en termes d'adoption, d'utilisation et de développement.

En Asie-Pacifique, Pinterest est très populaire parmi les pays anglophones comme la Nouvelle-Zélande, l'Australie et

Singapour. Mais ces chiffres sont encore très bas par rapport à ceux que nous obtenons pour les leaders de ce marché. Les Etats-Unis seuls apportent 70% du trafic et, en seconde position, le Royaume-Uni en apporte 3%.

En décembre 2010, quelques mois après son lancement, Pinterest était déjà cité parmi les 10 premiers sites de réseaux sociaux en 7ème position, devant Google+ et Tumblr, et derrière Facebook, Twitter, Tagged, Linkedin, MySpace et myYearbook (source Hitwise), et il fut nommé meilleure nouvelle start-up en 2011 (source TechCrunch).

Search Trends montre que Pinterest a dépassé Google+ en octobre 2011.

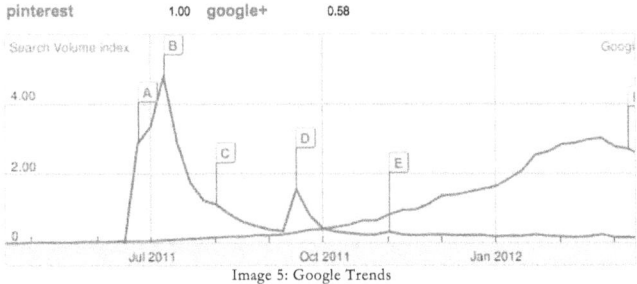
Image 5: Google Trends

Des statistiques récentes ont également révélé que Pinterest est une plateforme qui séduit plus les femmes en raison de son apparence visuelle, Google+ attire plus les hommes, et plus particulièrement les étudiants et les geeks. Les femmes sont le segment de consommateurs le plus puissant, et plus de 10% du segment féminin sur Pinterest gagne plus de 100.000$ par mois. Donc, vous pouvez voir le potentiel de Pinterest pour les professionnels du marketing grâce à ces données démographiques clés.

En mars 2012 (deux ans après son lancement), Pinterest est devenu avec 104 million de visites uniques mensuelles le 3e réseau social le plus populaire aux US après Facebook (7 milliards) et Twitter (182 millions).

Au début d'avril 2012 il y a eu des rumeurs comme quoi Paul Sciarra, le co-fondateur et PDG de Pinterest, a quitté la startup et a accepté un poste d'entrepreneur en résidence chez Andreessen Horowitz (un des investisseurs de Pinterest). Pendant qu'il était chez Pinterest, Paul s'occupait de la collecte de fonds, Ben était responsable de la communication et Evan du design. Il semblerait que Ben prendra son poste de directeur de l'entreprise.

En plus de son site web, Pinterest dispose également d'une app pour iPhone et iPad et d'une version mobile du site (les utilisateurs Android peuvent utiliser le site mobile pour accéder à Pinterest sur leurs appareils Android).

Le développement de Pinterest est principalement dû aux femmes au foyer et au bouche-à-oreille et il est juste de dire que Pinterest s'est développé très rapidement, mais également très discrètement. Il n'y a aucun doute sur le fait que Pinterest est bien plus qu'une simple mode - il sera un acteur majeur dans les années à venir et il est destiné à durer. Et étant donné qu'il est destiné à durer, il est destiné à représenter une opportunité en termes de marketing.

3
COMMENT PINTEREST GAGNE DE L'ARGENT?

Comme de nombreux réseaux sociaux ou d'autres sites de contenus générés par les utilisateurs à leurs débuts, Pinterest avait pour objectif de ne pas se concentrer sur le fait de gagner de l'argent, mais de créer un produit ou une plateforme que les utilisateurs aimeraient et sur lequel/laquelle ils s'engageraient encore et encore. Je vous invite à lire l'avertissement publié par Pinterest sur son site à ce sujet.

"Actuellement, nous sommes concentrés sur le fait de développer et de donner plus de valeur à Pinterest. Pour financer ces efforts, nous avons opté pour un investissement extérieur de la part d'entrepreneurs et de sociétés de capital-risque. Nous avons testé quelques approches différentes pour gagner de l'argent, comme des liens d'affiliation. Nous aurions également pu essayer d'ajouter des publicités, mais nous ne l'avons pas encore fait. Bien que gagner de l'argent ne soit pas notre première priorité aujourd'hui, il s'agit d'un objectif à long terme. Après tout, nous voulons que Pinterest perdure !"

La société a levé environ 37,5 millions de dollars en 2011, et elle a été financée par un groupe d'investisseurs et d'entrepreneurs notables. Yelp, Milo, Bebo, Behance et EventBrite font partie de ces derniers. Il n'y a pas beaucoup de détails sur la situation financière de la société, mais il semble qu'elle ait une valeur estimée non confirmée de 1.5 milliards de dollars (Facebook – 103, Linkedin – 10, Twitter – 8, Instagram – 1), et il est probable qu'elle ne fasse aucun profit... pour le moment.

Pinterest a récemment expérimenté deux ou trois méthodes pour monétiser son site, comme un partenariat de marketing d'affiliation avec Skimlinks. Les experts de l'industrie disent qu'en réalité il l'a fait pendant 2 ans et qu'il a abandonné il y a quelques semaines après avoir reçu un capital-risque ou lorsque LLSocial.com a publié un article dénonçant leur stratégie de monétisation. Squidoo et Moneysavingexpert ont également utilisé Skimlinks pendant un certain temps, puis ils ont abandonné car cela ne rapportait pas assez d'argent.

Juste pour clarifier les choses, Skimlinks est un service tiers qui identifie automatiquement des liens qui ont un programme d'affiliation, puis qui leur ajoute un code d'affiliation. Skimlinks offre généralement une commission de 2 à 5%.

En résumé, on estime que Pinterest est soutenu par des poids lourds de l'industrie en termes de puissance financière et d'investissement. Il n'est pas considéré comme gagnant de l'argent actuellement, mais cela n'a pas empêché une évaluation non officielle de l'entreprise à environ 1.5 milliards de dollars. Pinterest se développe rapidement, à la fois en termes d'utilisation et de taille ; il existe également des rumeurs concernant d'autres rivaux, plus établis, considérant Pinterest comme une future acquisition possible. Le succès d'un site se mesure souvent au nombre de ses clones et Pinterest n'en manque pas. Vous verrez dans les pages suivantes des exemples de quelques sites imitateurs.

4

CLONES DE PINTEREST: POUVEZ-VOUS FAIRE LA DIFFÉRENCE ?

Alors que Pinterest est devenu plus populaire, de nombreux autres webmasters ont pensé à créer des copies et à obtenir une part du gâteau de l'industrie. Dans ce chapitre, je fournirai plus d'exemples de sites qui semblent presque identiques à Pinterest.

Cela n'est inhabituel dans le monde des réseaux sociaux. Après tout, si une idée fonctionne et qu'elle séduit le marché de masse, pourquoi ne pas essayer d'imiter un modèle efficace. Cela s'est produit pour Facebook, Twitter, WordPress, YouTube et bien d'autres. Néanmoins, le thème commun qui, à mon avis, perdurera est que les sites imitateurs fonctionnent, qu'ils ont leur place et qu'ils peuvent être populaires. Cependant, ils ne seront jamais aussi populaires et ils ne connaîtront jamais autant de succès que les originaux.

Renren Guangjie (j.renren.com)

Si vous faites une recherche sur Baidu, le moteur de recherche chinois, vous trouverez au moins 17 clones de Pinterest. Cependant, celui qui représente le plus d'intérêt pour nous est Renren Guangjie, qui se traduit par "boutiques pour tous". Renren Guangjie a été développé et lancé en janvier 2012 par Renren (connu comme étant le Facebook de Chine) et il est principalement relié à Taobao qui est l'eBay de Chine.

Image 6: Page d'accueil de Renren Guangjie

Gogobot (gogobot.com)

Si Pinterest est principalement destiné aux personnes créatives et aux artisans, "Gogobot" est principalement destiné aux organisateurs de voyages. Les recommandations que vous obtenez proviennent directement de votre réseau social, et elles sont personnalisées pour chacun d'entre nous. Vous pouvez également partager des avis et des photos des lieux où vous avez été ou créer des listes de souhaits. Ce nouveau réseau social a déjà attiré des investissements majeurs de la part de deux personnes puissantes dans l'industrie en ligne: Eric Schmidt, le PDG de Google, et le DG de Square.

Image 7: Page d'accueil de Gogobot

Gentlemint (gentlemint.com)

Gentlemint est un autre clone de Pinterest, mais cette fois destiné aux hommes. Il a débuté comme un projet parallèle qui fut achevé en 12 heures, et il dispose déjà de plusieurs milliers d'utilisateurs, et encore plus sur une liste d'attente. Sur la page d'accueil de Pinterest, la mode, le maquillage et la manucure prédominent. Sur Gentlemint, vous pouvez voir des épingles qui montrent des voitures, du whisky, du football, des motos, le concept de l'iPhone 5 et bien plus.

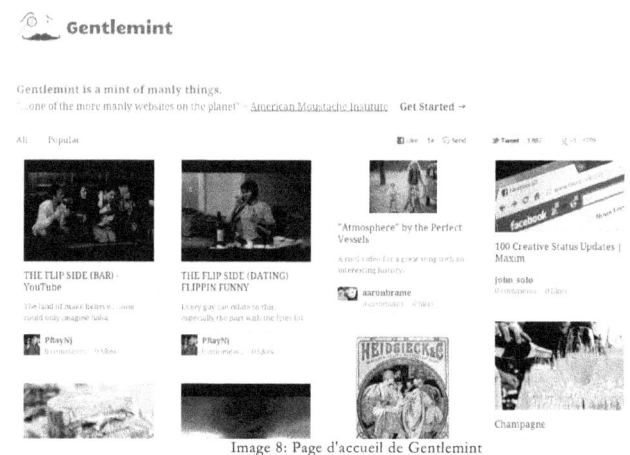

Image 8: Page d'accueil de Gentlemint

Pinspire (pinspire.com)

Et que dire de "Pinspire" ? Pouvez-vous faire la différence ?
Il dispose de la même palette de couleurs, du même concept
et du même logo. J'ai été choqué lorsque je l'ai vu car les
différences ne sont pas aussi évidentes. Pinspire a été
développé en Allemagne par les frères Samwer qui avaient
déjà de l'expérience dans le clonage de sites populaires afin
de revendre leurs imitations depuis 1999. Ils l'avaient fait
avec Alanda qui avait été vendu à eBay, avec CityDeal vendu
à Groupon et avec Plinga vendu à Zynga. Comme vous
pouvez le voir, ils l'ont à présent fait avec Pinterest et ils ont
même traduit le site en plusiers langues.

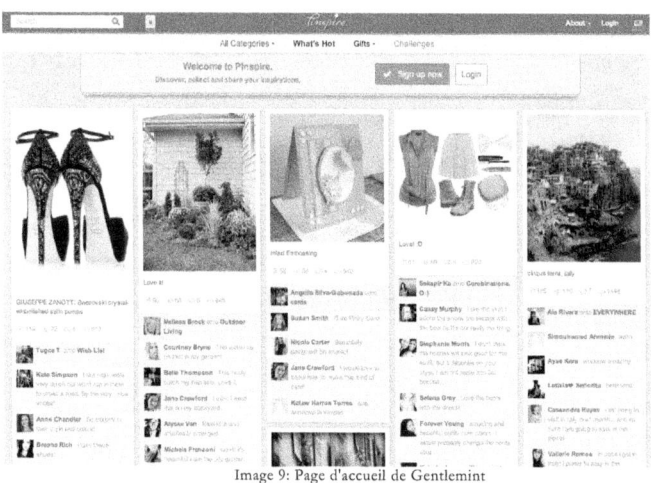

Image 9: Page d'accueil de Gentlemint

Mistash (mistash.com)

Mistash est un catalogue social de "cachettes" ou de produits que vous avez déjà, que vous voulez ou dont vous avez été propriétaire précédemment. Sur Pinterest, vous pouvez ajouter vos propres identifications ou vos propres liens d'affiliation, mais avec Mistash, il n'y a aucune manière de faire cela car les identifications sont ajoutées automatiquement pour vous.

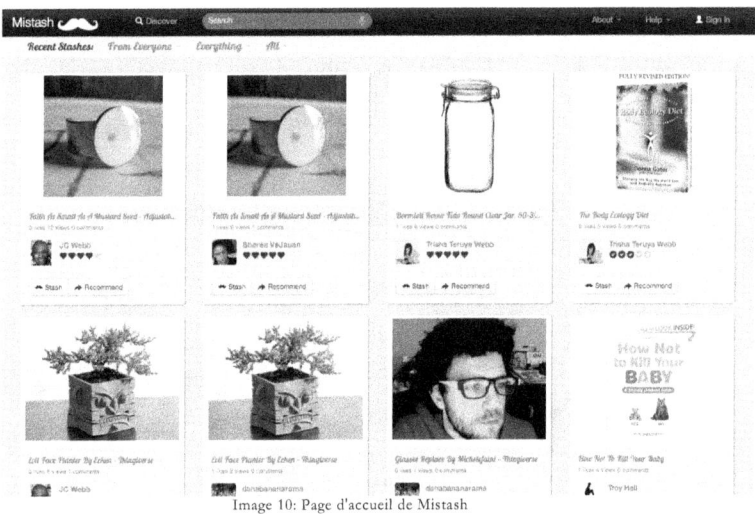

Image 10: Page d'accueil de Mistash

Loudlee (loudlee.com)

Loudlee est un clone israélien de Pinterest pour les amoureux de musique. Une fois que vous avez créé un compte, vous pouvez écouter gratuitement vos musiques favorites et les partager sur Facebook ou sur Twitter. Loudlee dispose d'une impressionnante collection de musiques de bonne qualité qui sont en réalité extraites de YouTube.

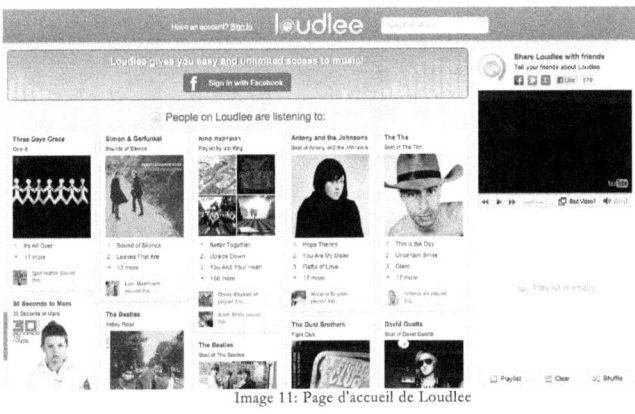

Image 11: Page d'accueil de Loudlee

Pintile (pintile.com)

Pintile est la version indienne de Pinterest développée par Fizzy Software qui a conçu plusieurs applications pour Facebook et iPhone.

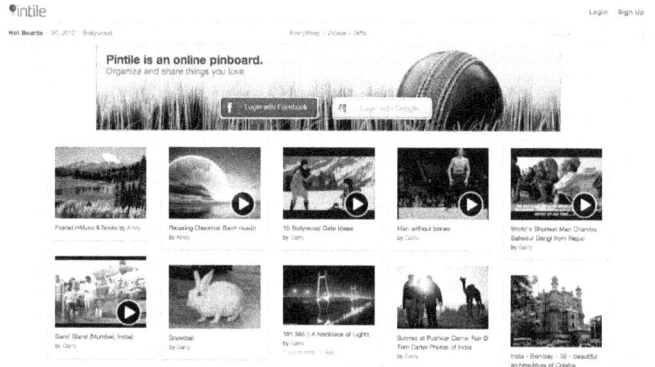

Image 12: Page d'accueil de Pintile

Pinme (pinme.ru)

Nous avons vu qu'il existe au moins 17 imitations de Pinterest en Chine, mais si nous effectuons une recherche sur Yandex, le moteur de recherche russe, que se passe-t-il ? Existe-t-il des clones ? Evidemment, la réponse est oui. Pinme.ru est presque impossible à distinguer, il a déjà attiré des investisseurs (Groupon Russie est l'un d'entre eux). En plus d'épingler des images, Pinme.ru permettra également de télécharger des vidéos.

Image 13: Page d'accueil de Pinme.ru

Et les derniers sites sur lesquels j'aimerais attirer votre attention, car ils ont tous deux une interface similaire à celle de Pinterest, sont <u>Lulu Live</u> et <u>Crowd Voice</u>, qui présentent des vidéos de protestations de Bahreïn et du Moyen-Orient.

BAHRAIN PROTESTS - LULU LIVE

Image 14: Page d'accueil de LuluLive MiddleEastVoices

Image 15: Page d'accueil de Crowdvoice

Il existe de nombreux autres sites dans le monde entier qui ont copié le concept de Pinterest, certains ont développé des imitations éhontées, et d'autres des perles de niche. Qu'est-ce qui rend Pinterest si spécial, et pourquoi tant d'imitations apparaissent-elles ? Nous explorerons cela dans le prochain chapitre.

5

PINTEREST SE DÉMARQUE DU MONDE SURPEUPLÉ DES MÉDIAS SOCIAUX

Pinterest est la prochaine grande nouveauté dans le monde des réseaux sociaux, du moins c'est ce que pensent certains experts et certaines entreprises, et il ne remplace pas les outils de médias sociaux existants, mais il offre une fonctionnalité complémentaire. Vous pouvez observer ci-dessous une liste de réseaux sociaux les plus puissants du moment et dans quel contexte on peut les utiliser.

"J'aime" le chocolat

Je mange du #chocolat

Pinterest
Voilà une recette au chocolat

Je discute avec des gens qui aiment le chocolat

Regardez-moi faire du chocolat

Linked **in**

Je suis doué pour faire du chocolat

C'est ici que je mange du chocolat

flickr

Je prends des photo de moi avec un sourire très chocolate

WORDPRESS
J'écris (des blogs) sur le chocolat

Aujourd'hui le monde en ligne est virtuellement inondé de réseaux sociaux. Certains sont uniques et dureront, alors que d'autres sont uniques et échouent. Pinterest va définitivement durer. Twitter était unique et il a récolté des bénéfices parce qu'il était différent. Facebook n'était pas totalement un nouveau concept en 2004, mais ce qui était nouveau c'était l'exécution de l'idée. J'ai établi ci-dessous la liste des acteurs principaux de l'industrie des médias sociaux afin que vous puissiez voir où se situe actuellement Pinterest.

Facebook: plus de 900 millions d'utilisateurs

YouTube: plus de 800 millions de visiteurs uniques par mois et 3 milliards de visionnages de vidéos par jour

Twitter: plus de 500 millions d'utilisateurs

Qzone: 500 millions d'utilisateurs actifs

Sina Weibo: 300 millions d'utilisateurs

Renren: plus de 170 millions d'utilisateurs

LinkedIn: 150 millions de membres

Groupon: 115 millions d'inscrits

Google+: 100 millions d'utilisateurs

WordPress: 72 millions de blogs

Tumblr: 50 millions de blogs

Pinterest: plus de 38 millions d'utilisateurs

Foursquare: 15 millions d'utilisateurs

Instagram: 15 millions d'utilisateurs

Pinterest peut sans risque être déclaré comme étant un site de réseau social ou comme un album social durable destiné à se développer. Même le créateur de Facebook, Mark Zuckerberg, a récemment créé un compte Pinterest qui a déjà 8.000 fans. Mark a un nouveau défi chaque année: en 2010 il portait une cravate tous les jours, en 2011 il a appris le chinois, et en 2012 il a annoncé qu'il ne mangerait que de la viande provenant d'animaux qu'il tuerait lui-même. Je m'attends donc à voir un tableau "Animaux que j'ai tués".

Tandis que Facebook a eu l'idée des amis en ligne, de retrouver des anciens amis et de rester en contact avec de nouveaux, Twitter a eu l'idée unique des micro-messages et a captivé les célébrités du monde entier qui peuvent rester en contact avec leur fans. YouTube a créé un outil "Asseyez-vous, détendez-vous et je vais vous divertir".

Pinterest a imaginé son propre concept unique, un média social qui relie le monde émotionnel et le monde commercial. Les professionnels du marketing savent que si vous pouvez toucher le cœur de quelqu'un, il est beaucoup plus simple d'obtenir qu'il vous achète quelque chose de manière émotionnelle et qu'il justifie ensuite cet achat avec la logique.

L'idée de Pinterest est résumée dans son nom. Pinterest est composé du mot "pin" (épingler) et "interest" (centre d'intérêt). Donc on épingle des images qui parlent de nos centres d'intérêt sur un tableau. Il conserve encore les aspects basiques de Facebook pour ce qui est d'aimer et de partager du contenu, il s'inspire de Twitter concernant les fonctions "suivre" et "retweeter" (republier), et il est très similaire au modèle StumbleUpon qui inspirent des idées à des utilisateurs à partir d'autres qui ont des "likes" (j'aime) similaires. Pinterest peut également être facilement associé à Tumblr, car il s'agit également d'un site qui permet aux utilisateurs de publier des blogs intéressants, et les utilisateurs qui partagent ce centre d'intérêt peuvent suivre ces blogs.

Ce que différencie Pinterest des autres réseaux sociaux est l'idée du partage d'images associées à des centres d'intérêt. C'est cette spécialisation, et non les fioritures supplémentaires, qui rendent Pinterest réellement unique. Il ne s'agit pas de critiquer Facebook, Google+ ou Twitter, ce sont tous de grands noms à ne pas sous-estimer, et ils ont joué des rôles essentiels dans la définition des vies en ligne des individus, mais ils sont en quelque sorte devenus le monde de tout à chacun, sans orientation spécifique. Bien que cela fonctionne pour les particuliers, cela ne fait pas des merveilles pour les entreprises. C'est ici que Pinterest peut décrocher le jackpot. Les entreprises ont une occasion d'avoir un réel suivi des fans qui sont particulièrement intéressés par le domaine ou le sujet qui leur est spécifiquement associé.

Les plus populaires tableaux sur Pinterest sont ceux des articles de mode, ceux dédiés au style de vie et ceux qui ont trait à l'art - la peinture, l'artisanat ou la photographie. Pinterest se tient intentionnellement à distance de ce que les autres maîtrisent, et cette touche d'originalité est ce qui peut lui donner un avantage. Les images ont plus d'impact que les mots, et Pinterest en est un parfait exemple.

La plupart des entreprises comptent sur Pinterest en raison de l'orientation du site tournée vers les objectifs. Facebook peut représenter une excellente manière de rester en contact et Twitter peut constituer une manière magnifique de faire une annonce ou d'indiquer une mise à jour pour un politicien ou pour une célébrité, mais c'est sur Pinterest qu'il est réellement possible d'impliquer un utilisateur.

Pinterest est destiné à devenir très instructif, ce que Facebook, Google+ ou Twitter ne sont pas. Evidemment, il est agréable de les visiter et Twitter offre un endroit pour se tenir informé des dernières nouveautés du monde entier, mais Pinterest est plus personnalisé. Vous allez découvrir ce qui vous intéresse. C'est ce concept axé sur les centres d'intérêt qui sera le meilleur atout de Pinterest sur le long terme. Il peut agir comme une plateforme solide permettant aux entreprises de rencontrer et d'interagir avec de véritables consommateurs.

Les réseaux sociaux doivent rester imprévisibles, car être banals les évincerait instantanément des premières places des classements. Pinterest laisse aux utilisateurs le choix de rester en mode d'auto-découverte. Il n'est pas basé sur des actualités en temps réel, sur un lancement ou une promotion de produit spécifique, mais sur l'exposition de ce qui passionne un individu ou une entreprise.

De plus, via l'utilisation de signets virtuels (visual bookmarking), Pinterest permet aux utilisateurs de montrer des produits dont ils sont propriétaires et qu'ils aiment ce qui, en retour, fait naturellement la promotion de ces produits auprès des autres utilisateurs. Ce marketing gratuit pour les fabricants dispose d'un potentiel illimité pour faire connaître un produit et promouvoir une marque.

6
PINTEREST POUR LES DÉBUTANTS

Etape 1 : Obtenir une invitation

Vous devez être invité pour devenir membre de Pinterest, et cela sera le cas jusqu'au jour où il sera ouvert à tous, comme Google l'avait fait avec son Google+.

Il existe trois manières d'obtenir une invitation.

Une première manière consiste à la demander auprès du site lui-même sur pinterest.com, mais il peut falloir patienter jusqu'à 24 heures pour que votre demande soit acceptée, et cette invitation n'arrive souvent jamais.

Une autre manière est de m'envoyer un e-mail à <globalndigital@gmail.com>, et je vous enverrai une invitation.

Une troisième manière serait de demander à vos amis ou de publier un message sur Facebook, Twitter ou sur un forum pour la demander.

Etape 2: Créer votre compte

Voilà, vous avez une invitation. Une fois que vous avez reçu votre invitation, vous devez cliquer sur le lien dans l'e-mail pour accéder à la page vous invitant à vous inscrire **en utilisant Facebook Connect ou votre compte Twitter**.

Pinterest affirme que vous inscrire en utilisant Facebook ou Twitter réduit les risques de spam et vous aide également automatiquement à suivre vos amis sur Facebook ou vos suiveurs sur Twitter déjà membres de Pinterest. Malheureusement, cela ne s'applique pas aux entreprises, car elles n'ont pas l'option de suivre leurs fans, cela pourrait donc être une des raisons pour lesquelles vous devez vous inscrire avec un compte Facebook personnel. Peu importe celui que vous choisissez pour vous inscrire, vous pouvez associer et désassocier les deux comptes ultérieurement. **Ma suggestion serait de vous inscrire avec Twitter et d'ajouter votre fan page Facebook plus tard.**

Si vous choisissez de vous inscrire avec Facebook, vous devrez donner l'autorisation à l'application "Pinterest" d'accéder à vos informations, mais quelques clics suffisent.

Avec Twitter, les choses sont encore plus simples, vous cliquez juste sur « Sign in » (se connecter) et vous saisissez vos identifiants de connexion Twitter.

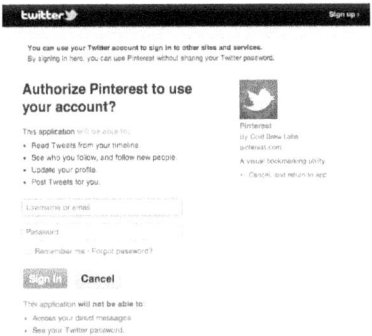

Une fois cela effectué, vous serez redirigé vers une page où vous devrez **saisir un nom d'utilisateur, une adresse e-mail et un mot de passe pour vous connecter sur Pinterest**.

Vous pouvez soit saisir le nom d'utilisateur et le mot de passe existants pour Facebook ou Twitter, soit vous pouvez en créer de nouveaux. Si vous choisissez vos identifiants existants, vous n'aurez que ces derniers à vous rappeler, et

Pinterest pourra également vous aider à vous connecter avec vos amis Facebook et vos suiveurs Twitter immédiatement. Mais comme je l'ai indiqué précédemment, vous pouvez toujours ajouter vos identifiants Facebook ou Twitter plus tard si vous préférez créer de nouveaux identifiants. Sachez juste que votre nom d'utilisateur forme la dernière partie de votre URL, donc une fois que votre compte sera créé, votre URL directe vers votre compte sera:

pinterest.com/votrenomd'utilisateur. Assurez-vous donc de choisir un nom d'utilisateur adapté à votre stratégie. Mais ne vous inquiétez pas, tout peut être corrigé plus tard: le nom d'utilisateur, l'adresse e-mail ou le mot de passe, l'association à votre/vos compte(s) Facebook et/ou Twitter. Une fois que vous avez décidé de vos identifiants de connexion sur Pinterest, veuillez cliquer sur "set up an account" (créer un compte). Si vous obtenez une erreur 404, veuillez changer de navigateur (plusieurs personnes rencontrent des problèmes sur Chrome), ou inscrivez-vous avec Twitter si cela ne fonctionne pas avec Facebook.

Note destinée aux entreprises: seuls les identifiants de connexion personnels pour Facebook sont actuellement acceptés.

Votre compte a été créé, et vous devez à présent choisir des centres d'intérêt à partir d'une liste, afin que Pinterest puisse vous associer avec certaines personnes ayant des centres d'intérêt similaires. **Si vous créez un compte personnel, choisissez tous les secteurs qui vous intéressent, tandis que pour un compte d'entreprise, je vous suggère de choisir une catégorie spécifique qui correspond à votre niche.**

Une fois que vous avez choisi les catégories qui vous intéressent, cliquez sur "Follow People" (Suivre des personnes) en bas de l'écran. Pinterest n'est pas comme Facebook, vous n'avez pas à faire des demandes pour être amis. Vous suivez juste des personnes qui ont les mêmes centres d'intérêt, et lorsqu'elles publieront quelque chose de nouveau, cette publication sera visible pour vous. Vous pouvez supprimer tout ce qui ne vous semble pas correspondre à vos centres d'intérêt, cependant je vous suggère de suivre toutes les suggestions lorsque vous débutez et d'effectuer des ajustements ultérieurement.

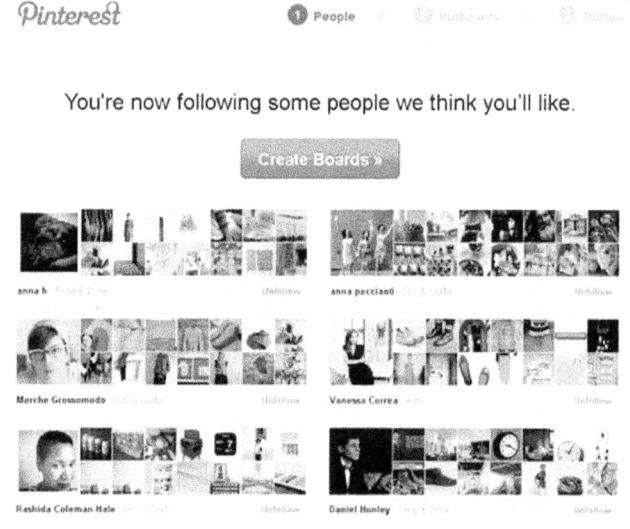

Ensuite, vous pouvez **commencer à créer vos premiers tableaux**. Cinq tableaux que vous pouvez créer vous seront proposés. Vous pouvez les modifier ou les supprimer en cliquant sur la croix à la fin de chacun. Si vous ne savez pas quels tableaux vous souhaitez créer, je vous suggère de commencer avec un et d'en ajouter autant que voulez après avoir défini la stratégie associée à votre contenu. Il n'existe aucune limite au nombre de tableaux que vous pouvez créer. Sur la droite, vous pouvez également voir des suggestions supplémentaires pour les titres des tableaux. Si vous cliquez sur l'un d'entre eux, il sera automatiquement ajouté à votre liste.

Rendez le titre des tableaux aussi intéressant et riche que possible. Une fois que vous avez terminé, cliquez sur "Create" (Créer).

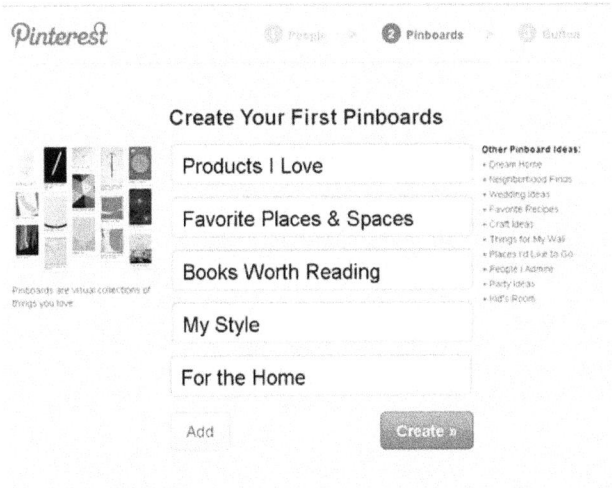

Maintenant, nous devons **installer le bookmarklet "Pint it" (Epingler) dans votre navigateur.** Pinterest a créé une vidéo qui explique comment faire sur http://pinterest.com/about/goodies/, et les instructions sont propres à chaque navigateur. Le bookmarklet vous permettra d'épingler plus facilement des images sur vos tableaux à partir de n'importe quel site que vous visitez, à condition que le site ne se soit pas désinscrit de Pinterest et qu'il dispose d'un contenu visuel (images, graphiques ou vidéos). Donc, faites glisser le bouton "Pin it" (Epingler) vers votre navigateur, et vous serez prêt à commencer.

Goodies

"Pin It" Button

| Pin It | ← Add this link to your Bookmarks Bar |

To install the "Pin It" button in Chrome:

1. Display your Bookmarks by clicking the **Wrench Icon > Tools > Always Show Bookmarks Bar**
2. Drag the "Pin It" button to your Bookmarks bar
3. When you are browsing the web, push the "Pin It" button to pin an image

Once installed in your browser, the "Pin It" button lets you grab an image from any website and add it to one of your pinboards. When you pin from a website, we automatically grab the source link so we can credit the original creator.

Installer le bookmarklet **Pin it** (Epingler) sur votre iPad/iPhone

Vous pouvez facilement réépingler du contenu épinglés par d'autres personnes en téléchargeant simplement l'App Pinterest sur votre iPhone ou sur votre iPad. Afin de pouvoir épingler des choses sur le web, le bookmarklet "Pint it" (Epingler) doit être installé.

Et il y a deux manières pour ce faire: 1. Vous installez le bookmarklet de votre ordinateur sur un navigateur Safari puis vous synchronisez vos appareils. 2. Vous installez l'App Pinterest sur votre iPhone ou sur votre iPad, puis vous allez dans Profile > Account > Install Bookmarklet (Profil > Compte > Installer le bookmarklet). Après cela, vous devrez copier et coller du code dans le navigateur, mais Pinterest vous fournira toute l'aide dont vous aurez besoin lorsque vous arriverez à cette étape. Cependant cette méthode est plus complexe que la première, et je ne la recommande pas.

<u>Etape 3</u>: Modifier votre profil

Commençons à présent à modifier votre profil. Pour ce faire, vous avez deux options: soit cliquer sur "edit profile" (modifier le profil), soit cliquer sur "settings" (paramètres) à partir du menu déroulant en haut à droite.

Email (E-mail): saisissez une adresse e-mail personnelle ou professionnelle selon votre stratégie sur Pinterest. Votre adresse e-mail ne sera pas exposée publiquement.

Notifications (Notifications): Si vous ne voulez pas recevoir un e-mail à chaque fois que quelqu'un commence à vous suivre, réépingle une de vos épingles ou commente vos épingles, désactivez tous les paramètres en sélectionnant "off" (désactivé).

First Name & Last Name (Prénom et nom): également appelé le titre de votre profil. Si vous créez un profil d'entreprise, je vous suggère d'utiliser les mêmes informations dans le prénom et le nom que dans votre nom d'utilisateur et, idéalement, ils doivent contenir votre mot-clé. Votre nom d'utilisateur apparaîtra dans l'URL, et votre prénom et votre nom apparaîtront en haut de votre photo.

Username (Nom d'utilisateur): Utilisez un nom

d'utilisateur riche en mots clés ou le nom de votre entreprise ou produit.

About (A propos de): Section également appelée "bio" (bio) ou "profile description" (description du profil). Je vous recommande de mentionner quelque chose vous concernant, d'indiquer vos produits ou vos services en lettres majuscules, d'expliquer sur quoi porteront vos tableaux et d'ajouter un appel à l'action. Je vous conseille également de mentionner votre site web ici, et de nouveau dans la section "website" (site web). Il n'existe aucune limite au nombre de caractères que vous utilisez.

Location (Adresse): Pour les entreprises locales, il est hautement recommandé de saisir votre adresse complète.

Image (Image): Si ce compte sera utilisé pour affaires, je vous suggère de télécharger votre logo ou une photo de très bonne qualité représentant un de vos produits.

Website (Site web): Saisissez l'adresse complète de votre site web.

Facebook & Twitter (Facebook & Twitter): toujours dans les "Profile settings" (paramètres du profil), vous pouvez associer ou dissocier vos comptes Facebook et Twitter.

Visibility (Visibilité): L'appellation du paramètre "**visibility**" (visibilité) est un peu déroutante, donc si vous voulez que votre profil soit indexé par des moteurs de recherche, veuillez laisser ce paramètre sur "OFF" (DESACTIVE) comme indiqué ci-dessous:

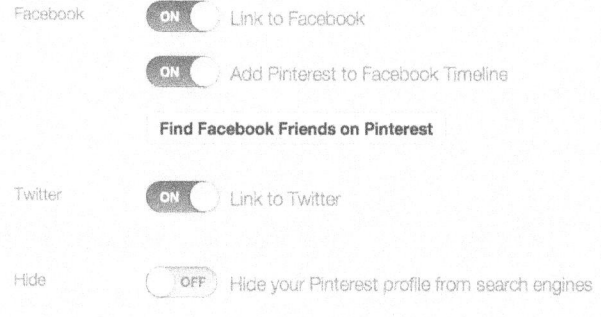

Cliquez sur "save profile" (enregistrer le profil), et vous verrez que sous la description de votre profil, ou votre bio, plusieurs icônes apparaissent et qu'elles redirigent toutes vers quelque part: le petit globe redirige vers votre site, les deux icônes suivantes aux comptes Twitter et Facebook, et le dernier vers les flux RSS.

Global & Digital

I'm a Multilingual Online Marketer that has a passion for global online business, social networking and the beauty of colour, style and amazing photographs.

Worldwide

website Twitter Facebook RSS Location

Ces icônes n'apparaîtront que si vous avez saisi l'adresse de votre site et que vous avez associé vos comptes Facebook et Twitter dans "settings" (paramètres). Vous devez vous souvenir d'une chose, même s'il est possible de cliquer sur ces icônes, pour que des personnes accèdent à vos comptes Facebook et Twitter à partir de votre compte Pinterest, ils doivent avoir été rendus publics. Sous ces icônes se trouve votre "Activity" (calendrier d'évènements en temps reel) qui indique quand vous ou vos suiveurs avez interagi avec votre compte Pinterest.

Etape 4 : Commencer à épingler

TOUT À PROPOS DES TABLEAUX

Avant de commencer à aborder les "pins and pinning" (épingles et épinglages), ce qu'ils sont, comment nous les obtenons, comment nous pouvons les modifier et bien plus, je suggère que nous créions des tableaux.

Comme nous l'avons vu lorsque vous avez rejoint le site, il existe plusieurs "boards" (tableaux) précréés que vous pouvez utiliser.

Pour accéder à vos tableaux, vous pouvez soit cliquer sur votre "username" (nom d'utilisateur), soit sur "boards" (tableaux) qui se trouve sur le menu déroulant en haut. Comme vous pouvez le voir, votre tableau/vos tableaux est/sont actuellement vide(s).

Pour créer un nouveau tableau, cliquez sur le bouton "Add +" (Ajouter +) en haut à droite, puis cliquez sur "Create a Board" (Créer un tableau).

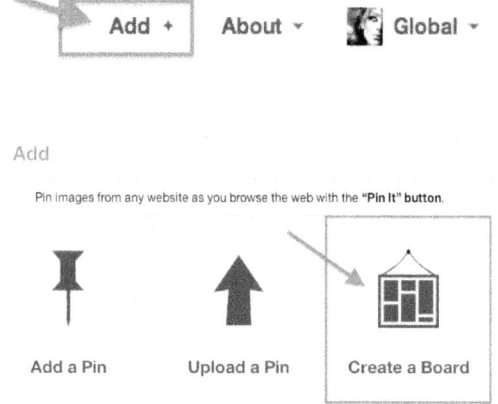

Ajoutez un nom de tableau riche en mots clés et choisissez une catégorie.

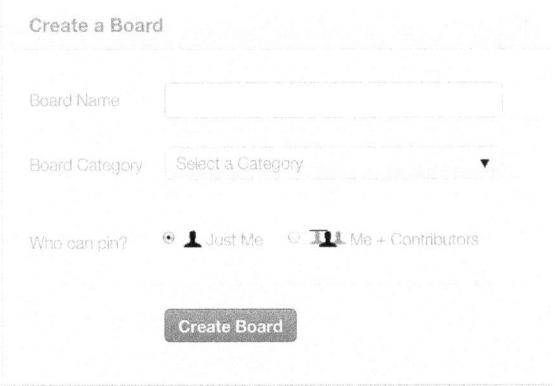

Il existe 32 catégories parmi lesquelles choisir, et choisir la bonne catégorie vous aidera à rester organisé et également à permettre aux personnes de trouver vos épingles plus facilement.

1. Architecture (Architecture)
2. Art (Art)
3. Cars &Motorcycles (Voitures & Motos)
4. Design (Conception)
5. DIY & Crafts (Bricolage & Artisanat)
6. Education (Enseignement)
7. Film, Music & Books (Films, Musiques & Livres)
8. Fitness (Fitness)
9. Food & Drink (Aliments & Boissons)

10. Gardening (Jardinage)

11. Geek (Geek)

12. Hair & Beauty (Coiffure & Beauté)

13. History (Histoire)

14. Holidays (Vacances)

15. Home Decor (Décoration d'intérieur)

16. Humor (Humour)

17. Kids (Enfants)

18. My Life (Ma vie)

19. Women's Apparel (Vêtements pour femmes)

20. Men's Apparel (Vêtements pour hommes)

21. Outdoors (Extérieur)

22. People (People)

23. Pets (Animaux)

24. Photography (Photographie)

25. Prints & Posters (Imprimés &Posters)

26. Products (Produits)

27. Science (Science)

28. Sports (Sports)

29. Technology (Technologie)

30. Travel & Places (Voyages & Lieux)

31. Wedding & Events (Mariages & Evènements)

32. Autres

A moins que vous ne travailliez sur un projet qui nécessite que d'autres personnes saisissent des informations, comme l'organisation d'un mariage ou d'un voyage de group pour des vacances, je vous suggère de définir la "pin authorization" (autorisation d'épingler) comme uniquement activée pour vous. Pour ajouter une personne en tant que contributeur, vous devez suivre au moins un de ses tableaux.

Vos tableaux peuvent toujours être renommés et réorganisés plus tard. Pour réorganiser les tableaux, vous devez aller sur votre page de profil et cliquez sur le petit carré situé au milieu de la page. Faites toujours glisser les tableaux les plus importants en haut. Lorsque vous débutez avec Pinterest, je vous recommande vivement de créer huit tableaux avec 5 épingles sur chacun, car ils seront les premières choses que verront les gens lorsqu'ils cliqueront sur votre profil, et les tableaux vides ou incomplets ne sont pas attrayants.

Pour modifier un tableau, cliquez sous le tableau que vous voulez modifier. Ici, vous pouvez changer la couverture du tableau, le titre du tableau, ajouter une description, décider qui aura le droit d'ajouter des épingles à votre tableau, de changer la catégorie ou même de supprimer votre tableau.

Apporter des modifications à votre tableau

Changer la couverture d'un tableau

TOUT À PROPOS DES PINS

Comme nous l'avons vu jusqu'ici, un "board" (tableau) n'est rien de plus qu'une collection d'épingles organisées en catégories. Donc, que sont les "épingles" ?

Sur Pinterest, nous sommes tous classés selon nos préférences. Toutes ces images, ces vidéos, ces cadeaux ou ces discussions que nous trouvons beaux/belles ou intéressant(e)s sur le web et que nous identifions sont appelés des épingles. Pinterest est souvent associé à une idée d'aspiration, car les personnes collectionnent généralement des images de choses qu'ils souhaiteraient avoir ou de ce qu'ils voudraient être dans le futur. Cependant, comme nous l'avons précédemment exploré, les gens épinglent également des articles qu'ils possèdent et qu'ils aiment.

Il existe plusieurs manières de **trouver du contenu à épingler:**

1) Utiliser le bookmarklet "Pin it" (Epingler)

Lorsque vous surfez sur le web et que vous tombez sur quelque chose d'intéressant, vous pouvez "pin it" (l'épingler) sur n'importe quel tableau que vous aimez en utilisant le bouton "Pin it" (Epingler) que vous avez précédemment installé dans votre navigateur.

Les épingles sont en réalité des miniatures qui sont associées à la source. La seule condition est que le site à partir duquel vous épinglez dispose d'une image ou d'une vidéo, néanmoins aucun contenu ne peut être épinglé à partir d'un site Flash actuellement, bien qu'une rumeur indique que cette fonctionnalité est en cours d'étude et de développement.

Prenons un exemple. Allez sur Google Images et saisissez le mot "flowers" (fleurs).

Choisissez une des images que vous aimez et cliquez dessus, puis cliquez sur le "x" pour fermer l'image.

Cela vous fera sortir de Google Images et vous amènera sur la publication originale qui contient cette image.

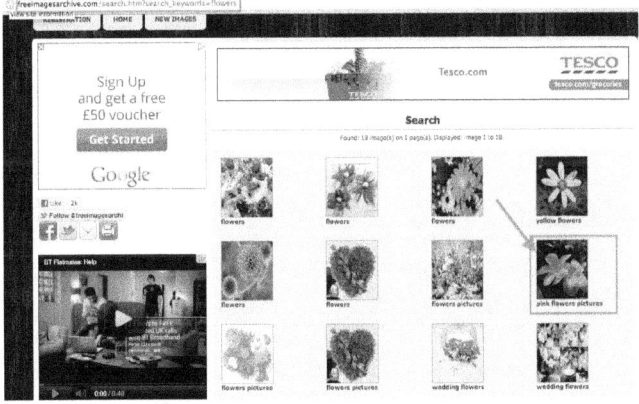

A présent, cliquez de nouveau sur l'image que vous souhaitez épingler, puis cliquez sur le bouton "Pin it" (Epingler) dans votre navigateur, passez votre souris sur votre épingle, puis cliquez sur "Pin This" (épinglez cela).

Choisissez le bon tableau pour votre image, ou créez-en un nouveau, ajoutez une description et vous avez terminé.

Cette méthode consistant à épingler directement à partir du web a généré une sorte de débat sur le fait de savoir si Pinterest violait les droits d'auteur. Aux Etats-Unis, les droits d'auteur sont uniques, et les catalogues de miniatures sont considérés comme étant "d'utilisation acceptable" selon les lois des Etats-Unis sur les droits d'auteur. Ceci étant dit, cela ne s'applique qu'à condition que le propriétaire soit cité dans l'utilisation de ses images, et il y a encore beaucoup de discussions pour savoir si Pinterest viole ou non les lois sur les droits d'auteur. Il s'agit d'une société dont le siège social se situe aux Etats-Unis, donc tant qu'elle agit conformément aux lois américaines, elle ne fait rien de mal. Cela pourrait être différent s'il s'agissait d'un territoire en dehors des Etats-Unis où les lois sur les droits d'auteur sont "d'utilisation équitable" plutôt que "d'utilisation acceptable".

Pinterest indique clairement de citer la source du contenu dans ses directives destinées aux utilisateurs. Et, plus récemment, pour se défendre contre les lois sur les droits d'auteur, Pinterest a annoncé la création d'un code qui peut être trouvé dans la section "help" (aide) de son site, et qui peut être ajouté par tout propriétaire de site en haut de ses pages indiquant qu'il ne veut pas que son contenu soit partagé sur Pinterest.

Donc, lorsqu'une personne tentera d'épingler le contenu de cette page, elle obtiendra le message suivant: *"This site doesn't allow pinning to Pinterest. Please contact the owner with any questions. Veuillez contacter le propriétaire si vous avez des questions." (Ce site ne permet pas l'épinglage sur Pinterest. Veuillez contacter le propriétaire si vous avez des questions. Merci de votre visite !).* Le réseau social dont Yahoo est propriétaire, Flickr, a déjà tiré parti de cette nouvelle fonctionnalité, et il a offert à ses utilisateurs l'option de refuser de partager leur contenu sur Pinterest.

Pour trouver la source originale d'une image sur Pinterest, installez l'extension "**Pin Search**" de Google Chrome qui vous permet d'effectuer une recherche basée sur des images.

2) Parcourir les épingles des autres personnes

Une autre manière de trouver du contenu à épingler est de repérer les épingles des autres personnes et de "repin" (rééépingler) quelque chose que vous aimez sur vos propres tableaux. Le fait de rééépingler équivaut à retweeter, et 80% des utilisateurs de Pinterest préfèrent utiliser cette fonction plutôt que de rechercher des images sur le web ou de télécharger leurs propres images. Pinterest dispose de l'ouverture de Twitter car tout le monde peut voir vos tableaux et de l'intimité de Facebook concernant le contenu partagé. Il est impossible de créer des tableaux privés actuellement, cependant c'est une chose que Pinterest pourrait implémenter dans le futur.

Pour parcourir les épingles des autres personnes, vous avez deux options:

a) soit vous **effectuez une recherche par mot-clé** puis vous naviguez parmi les "pins" (épingles), les "boards" (tableaux) ou les "people" (personnes).

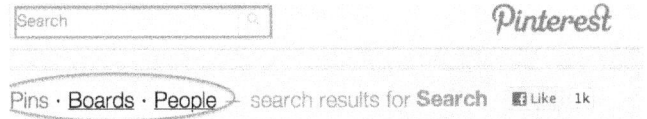

Disons que j'aime la robe ci-dessous et que je veux la montrer sur mon tableau "Fashion" (mode). Donc, comment faire ? Je passe ma souris sur l'image, puis j'ai trois options: la **réépingler** (donc l'avoir sur mon tableau sans la supprimer du board (tableau) original, **l'aimer** (elle est ajoutée à mon profil, mais pas à mes boards (tableaux). Vous choisissez "like" (aimer) pour une image qui ne correspond à aucun des contenus de votre tableau mais que vous trouvez intéressante. **Commenter** est une bonne manière de faire connaissance avec d'autre épingleurs et partager des avis.

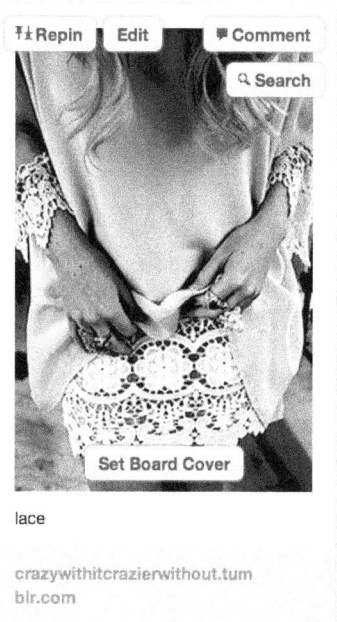

lace

crazywithitcrazierwithout.tum
blr.com

Dans notre cas, nous choisirons "repin" (réépingler) et ainsi nous avons ajouté une nouvelle image à notre Fashion board (tableau Mode). Lorsque vous réépinglez, "aimez" ou commentez l'épingle de quelqu'un, cette personne recevra une notification.

b) ou vous pouvez **cliquer sur le logo "Pinterest"** en haut de la page sur laquelle vous avez été redirigé et qui montre les épingles les plus récentes des autres personnes: des "pinners you follow" (épingleurs que vous suivez) aux "gifts" (cadeaux).

Pinterest

Pinners you follow · Everything ˇ · Videos · Popular · Gifts ˇ

Pinners you follow (épingleurs que vous suivez): affiche toutes les épingles récentes, les vôtres et celles des personnes que vous suivez.

Everything (Tout): Vous trouverez toutes les épingles les plus récentes sur Pinterest triées par catégorie.

Videos (Vidéos): Toutes les épingles vidéo les plus populaires.

Popular (Populaires): vous verrez quelles épingles sont les plus réépinglées actuellement, et vous pourrez donc comprendre les tendances.

Gifts (Cadeaux): Vous trouverez toutes les épingles qui ont un prix de 1$ à plus de 500$, et vous pourrez acheter des cadeaux en cliquant sur l'image qui dispose d'un lien direct vers le vendeur.

Si vous parcourez une épingle et vous ne pouvez pas voir tous les détails la concernant (par exemple des infographiques avec des petites polices), je vous suggère de télécharger l'extension "Pinzy" de Chrome, puis de faire passer votre souris sur l'épingle que vous voulez agrandir.

3) Ajouter une épingle

Et la troisième méthode pour ajouter des épingles est de les ajouter vous-même.

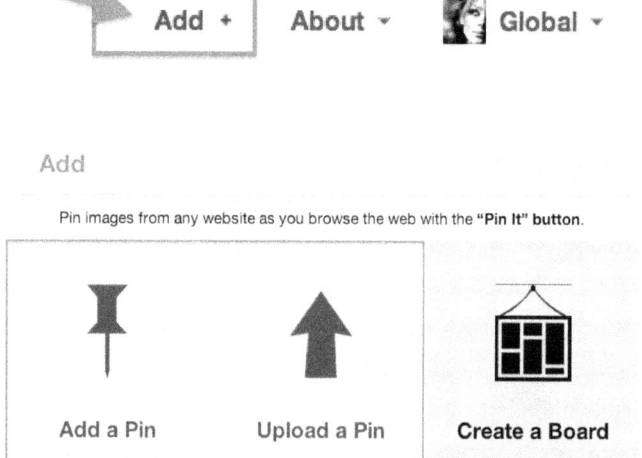

Vous pouvez soit:

A) **ajouter une épingle à partir d'une page web** dont vous connaissez l'URL exacte. Avec seulement le nom du site, vous obtiendrez un choix d'épingles très limité à épingler.

Add a Pin

Find Images

B) ou **télécharger une image** que vous avez sur votre ordinateur et pour laquelle vous avez des droits.

Upload a Pin

Choose File

Gardez à l'esprit que bien que la taille verticale de l'image ne soit pas limitée, elle ne peut pas être supérieure à 554 pixels de largeur. Il est également sage d'ajouter un filigrane avec votre URL, et de lancer une première recherche pour voir quel est le contenu le plus populaire avant de télécharger le vôtre. Si vous n'avez pas de bonnes images à télécharger, vous pouvez acheter des images et créer quelque chose de nouveau avec ces dernières.

Pour créer des infographiques, vous pouvez utiliser visual.ly. **Pour poser un filigrane sur vos images,** vous pouvez utiliser "Watermark Reloaded", un plug-in de WordPress.

Nous avons déjà vu comment obtenir du contenu à partir de nos tableaux. Maintenant, voyons ce qui peut également être fait pour réussir un épinglage.

Pour modifier une épingle, cliquez sur un de vos tableaux, passez votre souris sur l'épingle que vous voulez modifier et vous aurez trois options: "repin" (réépingler) sur un de vos autres tableaux, "comment" (commenter) ou "edit" (modifier).

Versus . Spring 2012. Absolutely amazing!

tumblr.com

Dans la description, vous pouvez ajouter une description riche en mots clés ou juste quelques mots clés séparés par une virgule, présenter votre URL d'affiliation ou l'URL de votre site web, et choisir le bon tableau sur lequel mettre l'épingle.

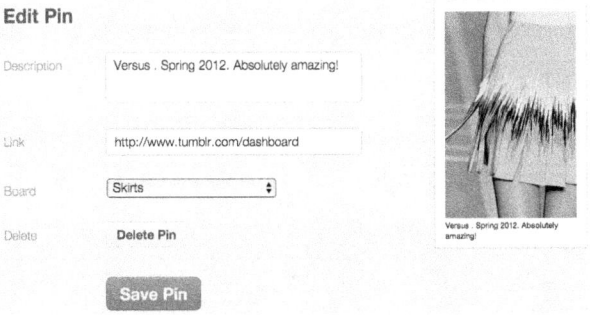

Comme nous l'avons vu jusqu'ici, les épingles sont organisées dans des tableaux, et chaque tableau fait partie d'une catégorie. Les tableaux peuvent être facilement réorganisés, cependant il ne s'agit pas d'une chose aisée avec des épingles individuelles. Au moment de l'écriture, Pinterest prend cela en compte.

Mentions sur Pinterest

Si vous voulez recommander ou envoyer une notification à un utilisateur à propos d'une épingle, vous devez suivre au moins un de ses tableaux et introduire le symbole "@" (à) suivi du nom d'utilisateur de la personne, soit dans la description de l'épingle, soit dans le commentaire de cette dernière.

Hasthags sur Pinterest

Vous connaissez probablement le symbole "#" (hashtag) sur Twitter qui est rattaché à un mot-clé pour le rendre consultable. Sur Pinterest, vous devez ajouter un hashtag dans la description de l'image, et vous ne pouvez pas l'utiliser plus de trois fois lorsque vous décrivez une épingle.

Commenter une épingle

Comme je l'ai mentionné précédemment, la meilleure manière de faire la connaissance d'un autre utilisateur est de commenter ses épingles. Cependant, si vous avez changé d'avis et que vous voulez supprimer votre commentaire, vous pouvez le faire en cliquant sur le "x" à droite du document. En suivant la même manipulation, vous pouvez également effacer les commentaires des autres utilisateurs sur vos épingles.

Ajouter un prix à une épingle est très simple. Partout dans la description de l'épingle, vous pouvez saisir le symbole dollar ($) ou le symbole livre (£) suivi du montant qui doit être supérieur à 1. Actuellement, les autres devises ne sont pas prises en charge, cependant l'Euro (€) devrait être implémenté rapidement, car il s'agit du troisième marché le plus important pour Pinterest, et c'est un marché qui se développera rapidement, nous le savons.

Epingles vidéo

Pinterest est principalement connu pour le partage d'images, néanmoins depuis août 2001, il est également possible de partager des videos. Pour le moment, seules les vidéos YouTube et Vimeo peuvent être partagées, et cela grâce à l'option "add a pin from a webpage you know the url" (ajouter une épingle d'une page web dont vous connaissez l'URL) ou en utilisant le bookmarklet "Pin it" (Epingler). Pour trouver l'URL correcte d'une vidéo que vous voulez partager, allez sur YouTube, trouvez une vidéo, puis cliquez sur "share" (partager) sous la vidéo. Copiez l'URL sur la gache, puis copiez-la sur Pinterest.

Rendez vos épingles virales

Les 10 meilleures sources pour les épingles sont:

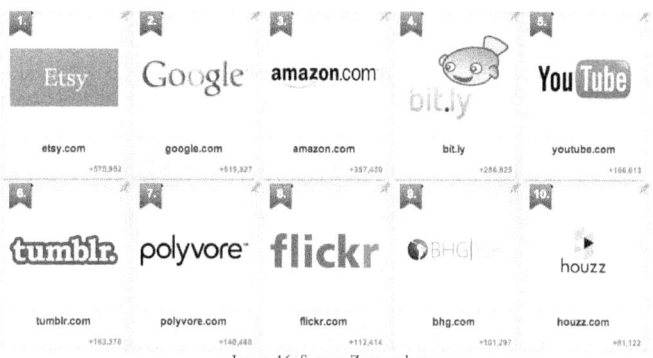

Image 16: Source Zoomsphere

Les épingles peuvent devenir virales en quelques secondes et être vues par des millions de personnes dans le monde entier.

Les citations amusantes, les recettes, les enfants ou les animaux mignons, les infographiques, les concours et les vidéos semblent être parmi les plus populaires sur Pinterest, et ils ont le potentiel de devenir viraux. Ce potentiel viral mondial est le rêve des professionnels du marketing, et le potentiel commercial est extrêmement important lors de la promotion d'un produit.

<u>Etape 5</u>: Etre suivi

Vous pouvez faire en sorte que des personnes choisissent de "follow all" (suivre tous) vos tableaux, ce qui implique simplement le fait de suivre votre profil ou de "follow" (suivre) des tableaux individuels. De la même manière que vous suivez des utilisateurs ou des tableaux, vous pouvez à tout moment cesser de le faire, et les utilisateurs n'en seront pas avertis.

Cliquez sur Follow (Suivre) pour suivre un utilisateur et tous ses tableaux

Cliquez sur Follow (Suivre) pour suivre un tableau individuel

Afin de voir qui suit votre profil ou qui vous suivez sur Pinterest, vous devez aller sur votre profil, puis cliquer sur "folllowers" (suiveurs) ou "following" (suivi) sur la droite, comme illustré sur la page suivante.

Afin de voir le nombre de personnes qui suivent un de vos tableaux, cliquez sur le tableau et vous pourrez voir en haut à droite le nombre de suiveurs pour ce tableau, ainsi que le nombre d'épingles "curated" (organisées) jusque-là.

Malheureusement il n'est actuellement pas possible de voir des informations détaillées concernant les suiveurs de votre tableau.

Pour augmenter le nombre de vos suiveurs, vous devez:

i) Publier tout le temps: télécharger du contenu original, réépingler les épingles d'autres personnes ou utiliser le bookmarklet "Pin it" (Epingler)

ii) Trouver des personnes dans votre niche et les suivre; avec de la chance elles vous suivront à leur tour. Pour trouver des personnes dans votre niche, vous pouvez examiner les suiveurs de celles que vous suivez déjà et les suivre, effectuer une recherche par mot-clé ou examiner la catégorie "everything" (tout) et chercher votre niche

iii) Suivre en retour des personnes qui vous suivent et également suivre leurs suiveurs

iv) Interagir avec des personnes qui ont un grand nombre de suiveurs, commenter, aimer ou rééépingler leurs pins

v) Installer les boutons "Follow us" (Nous suivre) et "Pin it" (Epingler) sur votre site

vi) Ajouter un lien "Follow us on Pinterest" (Nous suivre sur Pinterest) dans la signature professionnelle de vos e-mails

vii) Créer une vidéo "How I use Pinterest" (Comment j'utilise Pinterest) sur YouTube avec un lien vers votre profil et, en retour, épingler vos vidéos à partir de YouTube

viii) Mentionner d'autres utilisateurs dans vos commentaires ou dans les descriptions de vos épingles pour attirer l'attention

ix) Publier des "comments" (commentaires) efficaces sur les épingles apparaissant sur la page d'accueil de Pinterest ou dans la catégorie "popular" (populaires). Cela vous aidera à obtenir de la visibilité pour votre compte et à attirer plus de suiveurs. Tous vos commentaires auront un lien retour vers votre profil, et les gens pourront vous suivre

x) Publier des épingles virales: belles, éducatives, inspirantes, utiles ou amusantes

xi) Si vous avez une liste de clients, invitez-les à rejoindre Pinterest et à suivre votre profil.

Vous pouvez saisir les adresses e-mail une par une ou accéder à vos contacts de Facebook, Yahoo ou Gmail. Bloquer des personnes par lesquelles vous ne voulez pas être suivi n'est pas encore possible, mais il s'agit d'une option étudiée par Pinterest.

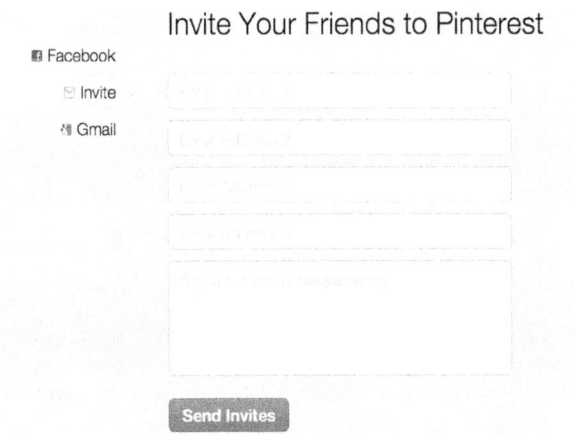

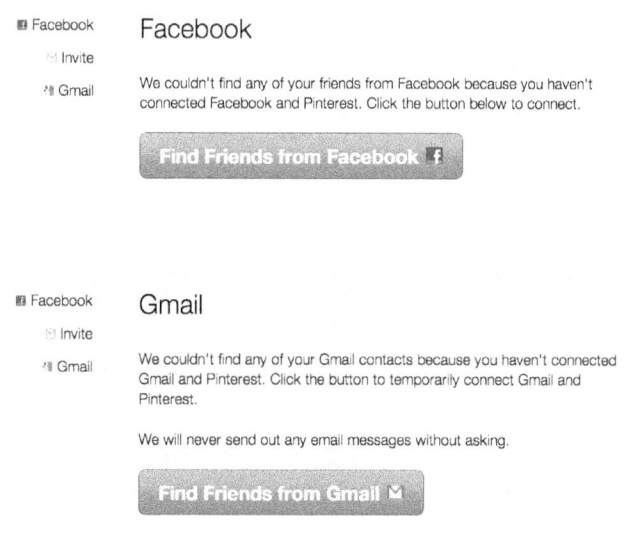

Etape 6: Amener la conversation visuelle en dehors de Pinterest

Si vous aimez une épingle et que vous voulez la partager avec d'autres personnes, Pinterest vous offre plusieurs options: l'aimer, la tweeter, l'intégrer à une page web ou l'envoyer par e-mail à une personne qui serait intéressée par le fait d'en savoir plus à son propos. Cependant, si vous trouvez une épingle que vous considérez comme "offensive" (offensante), vous pouvez la signaler à Pinterest en cliquant sur "report pin" et elle sera immédiatement supprimée.

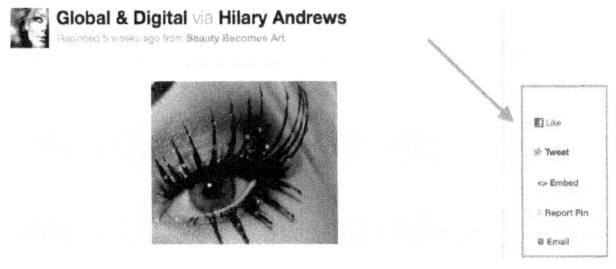

Pour afficher vos pins les plus récents sur votre site sur la barre latérale, je vous suggère d'installer le plugin "Pretty Pinterest Pins" de WordPress. Vous pouvez choisir d'afficher ou non la description sous l'image et le nombre d'épingles à afficher. Vous pouvez également présenter les dernières épingles de n'importe quel utilisateur.

Partager sur Facebook

Si vous n'avez pas encore mis à jour votre Timeline (calendrier) de Facebook, vous ne pourrez pas partager vos épingles. Cependant, lorsque vous épinglez ou que vous réépinglez, assurez-vous de cocher la case pour partager, et des liens vers vos épingles ou vos tableaux seront partagés sur les mises à jour de votre profil. Gardez à l'esprit que les gens ne veulent pas recevoir des notifications à chaque fois que vous avez une nouvelle épingle sur vos tableaux, à moins que celui-ci ne soit utile.

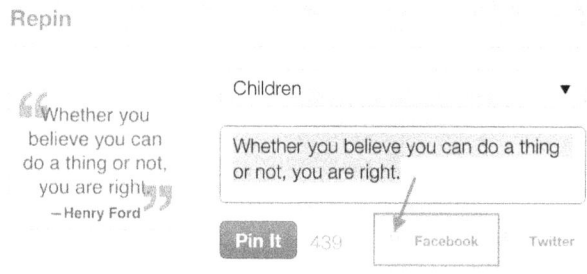

Si vous aimez toutes les épingles d'un tableau précis, vous pouvez cliquer sur "like" (j'aime) en haut de votre tableau, et il sera partagé avec vos amis ou fans Facebook.

Partager sur Twitter

Si votre compte Pinterest est associé à votre compte Twitter, vous pouvez partager vos épingles à chaque fois que vous épinglez ou que vous réépinglez quelque chose en cliquant sur la case à cocher.

Children ▼

Love the metallic reverse french w/ the matte navy!

Pin It   449   Twitter

Etape 7: L'étiquette de Pinterest

Maintenant que vous avez appris les bases sur Pinterest, je souhaiterais insister sur les règles de bon épinglage recensées ci-dessous:

i) Mentionnez l'épingleur original lorsque vous épinglez ou que vous réépinglez du contenu, et ne le revendiquez pas comme étant le vôtre à moins que ce ne soit le cas.

ii) Ne vous contentez pas d'épingler vos publications et vos produits. De nombreux autres réseaux sociaux vous permettent de promouvoir votre entreprise de manière directe. Pinterest a pour objet les centres d'intérêt personnels et l'inspiration. Cependant, si vous êtes une entreprise et que vous souhaitez communiquer avec vos clients, alors je vous conseille de le faire de manière créative afin de ne pas faire fuir les gens en utilisant une approche de vente directe.

iii) La nudité ou les contenus haineux ne sont pas autorisés et peuvent être dénoncés à tout moment et immédiatement supprimés.

iv) Epinglez l'image ou la vidéo à partir d'un article et non à partir de la page d'accueil d'un site ou directement à partir des images Google, car elles pourraient être supprimées ou mises à jour facilement et vous finirez avec un carré blanc à la place d'une image sur votre tableau.

v) Mettez une description pour chaque épingle que vous ajoutez. Utilisez des mots descriptifs au lieu de ".", "mignon" ou de "j'adore" afin que les gens puissent les trouver facilement lorsqu'ils recherchent quelque chose de particulier.

vi) L'épinglage de vidéos est autorisé. Lorsque vous trouvez une vidéo utile pour vous, épinglez-la et ajoutez une bonne description. Elle sera réépinglée presque instantanément.

7

COMMENT FAIRE DES PROFITS
AVEC PINTEREST?

Au moment de mise à jour de ce livre, avril 2012, Pinterest est classé 38ème mondial par Alexa, il dispose d'un page rank de Google de 7 et d'une autorité en termes de domaine sur SeoMoz de 96, de 50.000 link juices (jus de référencement), de près de 2 millions de fans sur sa page Facebook, de 800.000 suiveurs sur son compte Twitter, et de plus de 38 millions d'utilisateurs. Le bon moment et la bonne opportunité d'apprendre rapidement et de tirer parti de Pinterest est aujourd'hui, car le site se prépare à une explosion au niveau mondial. Si vous comprenez comment utiliser Pinterest à des fins commerciales avant tout le monde, vous pouvez devenir un leader dans votre secteur.

Pinterest devient rapidement un des meilleurs, si ce n'est pas LE meilleur outil marketing de tous les réseaux sociaux.

Pour un réseau social assez récent, les tableaux sont faciles à partager et amusants à lire sans prendre trop de votre temps. Pour les produits ou les services, Pinterest peut amener votre entreprise à un tout autre niveau. Tout ce qu'il faut, c'est quelques "Pin it" (épingler), et votre entreprise pourra facilement décoller. Donc, avant de demander une invitation, assurez-vous d'être prêt pour un nouveau trafic et pour de nouvelles commandes.

Le meilleur dans Pinterest, c'est que le type d'entreprise à laquelle vous appartenez n'importe pas. Par exemple, un site web appelé Child's Own Studio, qui fabrique des doudous à partir des dessins des enfants, se portait bien avec 4 ou 5 commandes par semaine. Quelqu'un a "épinglé" ce site, et aujourd'hui la propriétaire a tellement de commandes qu'elle ne peut pas suivre la cadence. Et cela avec un site web qui n'est même pas hébergé sur un domaine dont elle est propriétaire et qui ne dispose pas de modes de paiement en ligne.

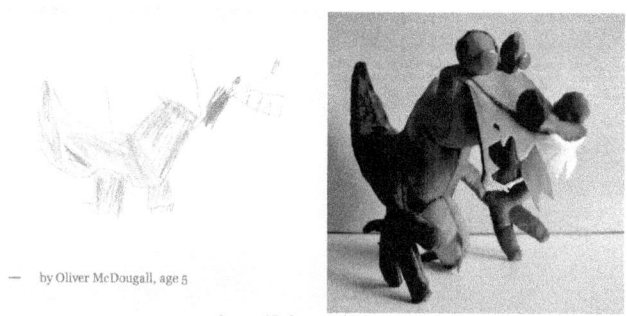

— by Oliver McDougall, age 5

Image 17: Source childsown.wordpress.com

Selon un sondage organisé par PriceGrabber où 5000 personnes ont été interrogées, 21% des répondants ont indiqué qu'ils ont acheté un produit après avoir vu une image sur Pinterest. Les produits les plus couramment achetés étaient des produits d'alimentation, de mode, de décoration intérieure et d'artisanat.

Donc, vous pouvez voir en quoi Pinterest sera un élément clé pour votre stratégie marketing, ainsi que le remarquable trafic qu'il peut générer. Voici quelques industries qui peuvent tirer profit de l'utilisation de Pinterest.com. Gardez à l'esprit que Pinterest ne peut pas encore être automatisé, et qu'une personne réelle doit être impliquée.

Indépendants – tous les types d'indépendants, comme des photographes, des rédacteurs, des concepteurs web ou autres peuvent doubler ou tripler le trafic vers leur site en utilisant Pinterest dans leurs plans marketing. Un "Pin it" (Epingler) peut vous apporter plus de travail que vous ne pouvez en gérer. Mettez vos produits ou vos services en vitrine de manière visuelle et accrocheuse, ajoutez une description et créez un lien vers votre site. C'est tout ce que vous avez à faire.

Vous pouvez également créer un e-book ou tout autre incitatif et l'offrir en cadeau pour développer votre liste.

The Swiss Courier. Free for Today
(Feb. 1) only! $0.00
Christianbook.com, Amazon.com ...
spread the word!

Nicole M. via Tricia Goyer onto
BookPile

Détaillants – vous ne pouvez pas réellement vendre des produits sur Pinterest, mais vous pouvez faire savoir que vous avez un produit qui pourrait plaire aux gens, et vous pouvez également indiquer son prix. Lorsque vous publiez votre produit, généralement sous forme d'image ou de vidéo, les épingleurs le réépingleront et le partageront avec leurs amis sur Facebook et sur Twitter, sans mentionner tous leurs suiveurs sur Pinterest.

Vous pouvez également créer un lien vers votre site web, créer des offres groupées exclusives, lancer des promotions, offrir des coupons ou même recueillir des témoignages de personnes portant ou utilisant vos produits. Afin de mieux vendre, vous devez créer le désir et inspirer les gens ; les bons professionnels du marketing savent qu'ils ne vendent pas des produits mais un style de vie.

Agents de voyage – si vous êtes en voyage, vous pouvez épingler des destinations de voyage, des hôtels, des villes, des restaurants, des lieux à visiter, et des choses à voir n'importe où dans le monde. Vous créez un tableau spécial pour afficher vos destinations avec des images de la ville, des choses à faire, des endroits où manger, et même des recettes qui vous apporteront une réponse de la part des épingleurs. La beauté de Pinterest, c'est que vous pouvez attirer l'attention et susciter de l'intérêt à partir des images des produits de votre destination, et vous pouvez alors créer un lien et diriger du trafic vers votre site web principal.

Décorateurs d'intérieur – certains épingleurs utilisent également Pinterest pour construire la maison de leurs rêves. Ils obtiennent un aperçu des designs du monde entier. Ils cherchent des conseils sur la manière dont aménager au mieux leur maison, le type d'éclairage, les sols et les cuisines, et certains d'entre eux finiront par acheter le produit. Si cela s'avère être un produit de votre société, vous obtenez simplement un client sans trop d'efforts !

moroccan home of fashion designer Liza Bruce

Pink + orange.

elledecor.com

sayyestohoboken.com

Agents immobiliers – publiez les meilleures images de biens immobiliers dont vous disposez, et créez un lien vers votre site.

Luxury Villa in Dubai

$74,000,000

1220 South Ocean Boulevard, Palm Beach, FL $74,000,000

Esthéticiennes, personal shoppers ou organisateurs de mariages - en fait, les trois meilleurs sujets sur Pinterest en ce moment sont liés à la beauté: les ongles, les yeux et la coiffure. En tant que personne chargée de l'image de vos clients, vous pourriez suggérer des looks spécifiques et les tenir informés des tendances actuelles.

Propriétaires de restaurants – ils peuvent partager des recettes, des cocktails, de nouveaux menus et même des intérieurs.

Professionnels du marketing d'affiliation – Un professionnel du marketing d'affiliation peut augmenter le trafic vers n'importe quel produit qu'il recommande. Les tableaux sont remplis de listes de souhaits de personnes qui cherchent les meilleurs produits pour leurs maisons, pour leurs cours et pour leurs jardins, et des tenues complètes à porter tous les jours ou pour une soirée en ville. Elles réépinglent, leurs amis réépinglent, et ainsi de suite... vous n'avez même pas besoin d'un site web ! Décidez juste de votre niche et commencez à épingler. Et avec chaque épingle, vous pouvez utiliser des liens d'affiliation directs. Je vous conseille également de tester différentes images, différentes vidéos, différents formats ou différentes mises en page, et de les publier à différents moments de la journée ou à des jours différents de la semaine pour voir ce qui fonctionne le mieux. Il n'existe pas de format ou de formule prédéfini(e) pour Pinterest. Des tests et des erreurs peuvent souvent produire les meilleurs résultats, et les plus surprenants.

Propriétaires de clubs – vous pouvez créer des tableaux modérés pour que vos fans expriment leur soutien.

Chefs de projets – en tant que chef du projet, Pinterest vous offre l'option d'ajouter des collaborateurs à votre tableau. Et vous pouvez également faire des études de marché ou recueillir des avis sur un produit en développement.

Professeurs ou coaches – si vous avez quelque chose à enseigner, Pinterest est une excellente ressource pour télécharger des programmes de cours, ou des tutoriels vidéo. Et les étudiants peuvent publier en retour si vous leur permettez de contribuer à un de vos tableaux.

Experts en RP – Pinterest est parfait pour l'image de marque. Vous pouvez afficher le logo, les pages web, les bureaux, les employés, les études de cas, lancer un thème d'épingle quotidienne, fournir des actualités, etc... concernant votre client.

Stratèges SEO – tirez parti des opportunités de création de liens et de l'utilisation des mots-clés. Jusqu'à récemment, tous les liens provenant de Pinterest étaient généralement "en dofollow", mais il existe encore des manières d'obtenir des liens en dofollow, et je vais vous montrer comment dans le chapitre sur les stratégies avancées.

Choisissez une industrie, et Pinterest peut être un des meilleurs outils marketing de votre arsenal. Cependant, vous devez l'utiliser de la bonne manière. Ce n'est pas comme les pleurnicheurs sur Facebook ou comme les Tweeters qui vous informent de ce qu'ils font tout au long de la journée. Si vous voulez une réponse de la part du reste des épingleurs, alors vous devez épingler comme cela a été prévu. C'est ce qu'ils veulent sur Pinterest, quelque chose qui les aidera, qui les inspirera, qui remontera leur moral, qui leur donnera une raison de vivre et d'autres idées pour améliorer leurs vies. Si vous pouvez leur fournir cela sans opter pour une vente agressive, ils vous réépingleront souvent. Votre message devient viral lorsqu'il est réépinglé.

Peu importe l'industrie dans laquelle vous êtes ou si votre société est grande ou locale, il existe des opportunités incontestables en termes de marketing associées à Pinterest. Bien qu'il n'existe pas de formule magique dans le monde surpeuplé du marketing en ligne, Pinterest peut réellement aider à diriger du trafic vers votre site. Et, comme nous le savons dans le marketing en ligne, le trafic est synonyme d'argent.

8
APPRENDRE DES MAÎTRES

Les marques les plus actives sur Pinterest

Il n'y a que quelques mois que Pinterest a réussi à attirer l'attention. Bien qu'il existe depuis près de deux ans, le site social de partage de photos est resté à une grande distance d'un public plus large ou, en réalité, c'était plutôt l'inverse. Dans tous les cas, des sociétés se sont engagées sur Pinterest et elles gagnent plus d'importance sur le site de manière constante, elles augmentent le nombre de leurs suiveurs et elles réussissent également à engager les utilisateurs. Voici 10 marques sur Pinterest qui ont réellement réussi à bien tirer leur épingle du jeu.

Mashable

Mashable, le site d'actualités technologiques est une de ces très rares marques sur Pinterest qui est en avance sur son temps. Pinterest est un peu le chouchou des femmes jusqu'à maintenant, et le contenu de Mashable n'est pas parmi les favoris de la consommatrice traditionnelle. Cependant, Mashable a compris l'importance d'avoir une présence et comprend que les hommes prendront inévitablement le train de Pinterest en marche.

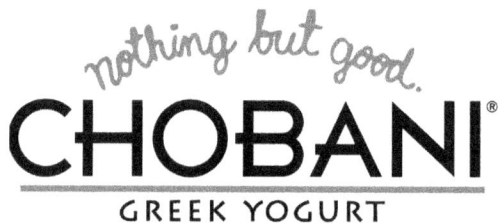

4,752 suiveurs

717 suivis

21 tableaux

1,023 épingles

26 likes (j'aime)

Le marketing social, ce n'est pas ce que vous faites concrètement, mais c'est la manière dont vous interpellezvotre public. Chobani semble maîtriser cet art. Bien que son domaine soit le yaourt grec, il partage constamment des informations intéressantes sur des produits alimentaires, différentes recettes et des faits inconnus. Ils ont développé leur base de suiveurs de manière constante, et il s'agit définitivement d'une des marques qui a opté pour la bonne stratégie sur Pinterest.

8,699 suiveurs

160 suivis

38 tableaux

2,669 épingles

53 likes (j'aime)

Lorsqu'un site a environ 60 à 70% d'utilisatrices, tout ce qui a un rapport avec la beauté et la mode sera certainement une des priorités de choix. Brichbox réussit à épingler divers contenus sur la beauté, des conseils de mode ainsi que plusieurs produits qui font que ses suiveurs femmes restent scotchés à ses mises à jour. Birchbox a montré que Pinterest ne sert pas uniquement à partager des images, mais qu'il est également possible d'innover. Birchbox télécharge des vidéos sur ses produits et pléthore d'informations. Il s'agit peut-être d'une des meilleures sociétés sur Pinterest qui a utilisé des stratégies promotionnelles très efficaces.

Lorsqu'une marque a une vision et une philosophie, alors elle doit faire quelque chose pour les promouvoir vers un public plus large. Whole Foods est une des rares marques qui peut ne pas essayer d'avoir un impact sur les ventes, mais qui cherche à promouvoir sa devise. La marque de détail réussit à mettre en place du contenu de manière quasi régulière sur les bons et les mauvais aliments, et d'autres mises à jour sur une vie écologique.

Les livres, tout comme les films et la musique, doivent faire l'objet de publicité. Scholastic fait exactement cela en téléchargeant plusieurs images de couvertures de livres et en faisant la promotion de livres existants et à venir, ainsi qu'en proposant des mises à jour sur les publications. Il y a également des aspects intéressants et amusants sur son tableau, comme des personnes déguisées en personnages de livre, attirant beaucoup d'attention sur la marque.

Nous sommes toujours intéressés par des idées pour nos maisons et par des conseils de jardinage. Toute marque associée à du contenu sur le style de vie et sur des idées de décoration captivera immédiatement l'imagination des utilisateurs de Pinterest. C'est exactement ce qu'a fait la marque Better Homes and Gardens sur son profil.

Where Creativity Happens

12,067 suiveurs

3,486 suivis

35 tableaux

861 épingles

38 likes (j'aime)

A l'origine, le concept de Pinterest était d'épingler des images et de partager ce qu'on voulait. Michaels Stores est probablement une des marques qui tombent naturellement dans cette catégorie sur Pinterest, car elle concerne l'artisanat, et tout ce qui a un rapport avec la créativité est certain d'avoir un écho suffisant sur Pinterest. Ses efforts pour partager de nouvelles idées et pour créer des projets sont de bonnes manières de maintenir l'intérêt et un tableau actif.

Etsy

Tout site de e-commerce doit être sur Pinterest, et Etsy a été un des premiers à gagner de l'argent en surfant sur la tendance. Il s'agit non seulement d'une des rares marques qui est massivement suivie, mais elle a également une activité élevée. Etsy ne tente pas simplement de vendre ses produits en ligne, il partage également de nombreuses idées innovantes pour que chacun puisse créer ses propres produits, ainsi que la manière dont les utilisateurs peuvent créer et utiliser des objets simples de chez eux.

General Electric utilise Pinterest pour partager ses produits, son histoire et son lignage, et la marque dispose également d'un espace dédié permettant à ses fans d'avoir une présence sur son profil. Elle permet aux utilisateurs et aux fans de publier des contenus créatifs qui peuvent être intéressant et inspirant pour les autres.

www.peapod.com

Online grocery shopping & delivery

432 suiveurs

28 suivis

39 tableaux

711 épingles

17 likes (j'aime)

Nous savons que des choses peuvent être livrées au seuil de notre porte, qu'il s'agisse de provisions ou d'un ordinateur portable. Peapod permet aux utilisateurs de jeter un coup d'œil aux rouages du fonctionnement d'un système de livraison, et il vous permet de découvrir son monde, une manière unique de promouvoir une société.

Qui sont les pinners puissants ?

Pinterest est un site web fantastique pour partager ce que vous aimez. Le site crée un monde d'organisation numérique si puissant que certaines personnes peuvent se sentir submergées parce qu'elles y trouvent. Dans ce chapitre, je vais vous montrer les épingleurs les plus puissants qui ont tiré le meilleur parti de Pinterest, afin que vous puissiez visiter leurs profils et leurs tableaux, et découvrir ce qui les a rendus si extraordinaires.

Melissa Alonzo Dillard

4,086 suiveurs

2,097 suivis

94 tableaux

7,893 épingles

273 likes (j'aime)

Cette femme sait ce qu'elle aime, et sa spécialité est une de celle qui est une excellente ressource pour de nombreuses personnes. Elle dispose de plus de 80 tableaux consacrés à l'enseignement et aux compétences liées à l'enseignement. Si vous êtes un professeur qui débute sur Pinterest, elle ouvre une voie que peu d'autres peuvent suivre.

Il existe de nombreux autres professeurs sur Pinterest qui partagent leur amour pour l'artisanat, mais Melissa les devance tous en termes de créativité et de d'ingéniosité. Son intérêt avide pour son propre domaine et son utilisation experte de Pinterest pour le montrer prouve son dévouement et sa capacité. Ce sont des personnes comme Melissa qui font de Pinterest un site aussi merveilleux. Elles prennent leur expérience du monde réel, leurs connaissances et leurs centres d'intérêt, et elles les transforment en tableaux pour que les gens en profitent et en tirent un enseignement. Son profil est rempli de tableaux qui vous aideront à en apprendre bien plus sur l'enseignement. Pour tout professionnel de l'enseignement, le profil de Melissa est un profil à suivre. Elle sait comment utiliser le site pour rendre l'enseignement plus simple et plus amusant. Cela fait d'elle un épingleur puissant.

Keegan Adriance

508,739 suiveurs

234 suivis

30 tableaux

2,628 épingles

0 likes (j'aime)

Si la photographie et le design sont votre truc, alors ne cherchez pas plus loin pour trouver de l'inspiration et des idées, le profil de Keegan Adriance est parfait pour vous. Elle a presque trois mille épingles et plus de cinq cents mille suiveurs, tout cela grâce à sa créativité et à son désir de la partager. Ses tableaux comportent des accessoires et des vêtements pour les hommes et pour les femmes. Elle a également rempli son profil avec ses propres œuvres en termes de photographie et de design, et elle partage ses favoris dans le domaine avec tout le monde. Les tableaux de qualité de Keegan valent toujours la peine d'être vus, et vous pouvez y revenir encore et encore. Ils sont plein d'inspiration de la vie quotidienne, une chose dont nous avons parfois désespérément besoin. Qu'il s'agisse de nourriture ou de boissons, de chiens, de photographies ou d'images basculées de son équipement photo idéal, elle apporte sa passion à son épinglage.

Marine Loiseau

279,850 suiveurs

903 suivis

51 tableaux

11,736 épingles

329 likes (j'aime)

Les tableaux de Marine sur Pinterest sont simples et élégants. Tous ses centres d'intérêt sur le site sont liés à une seule chose, la beauté. Elle prend toutes les choses de la vie quotidienne que nous considérons comme acquises, et elle relève la beauté en elles, en trouvant qu'une telle beauté quotidienne distillée dans une photographie est incroyable. Sa manière unique de regarder le monde a séduit près d'un quart de million de suiveurs, et plus de trois cents « j'aime ». Si vous êtes enlisé dans votre vie, ou que vous êtes bloqué dans une routine, fouillez dans ses tableaux. Son excellent "skin... light" (peau... lumière) est rempli d'images spectaculaires de lumière interagissant avec la peau, et c'est un de mes favoris. Sa capacité à prendre un concept simple et à l'élever au rang d'art est un témoignage incroyable de sa vision unique. Elle est la meilleure dans ce qu'elle fait, et pour cela elle mérite une place en tant qu'épingleur puissant dans cette liste.

Ben Silbermann

808,507 suiveurs

70 tableaux

3,768 épingles

Il n'est pas surprenant que Ben soit un épingleur puissant, il est le PDG de Pinterest. Il sait exactement comment utiliser le site et ses affichages. Il a presque cent tableaux actifs et des milliers d'épingles. Lorsque Pinterest a débuté sous forme de Beta en mars 2010, il fut un des premiers à créer un profil. Il avait une avance dans le monde de l'épinglage, mais ce n'est pas la seule chose qui fait qu'il excelle dans ce domaine. Il dispose de tableaux provenant de toutes les tendances. Il affiche tous ses centres d'intérêt et, parfois, il met simplement quelque chose d'amusant, de divertissant ou de réconfortant pour vous permettre de vous détendre et de profiter de votre expérience liée à l'épinglage. Le profil de Ben dispose même de nombreux tableaux spécifiquement destinés aux hommes, qui s'avèrent ne représenter qu'un faible pourcentage des utilisateurs de Pinterest. Si vous avez besoin d'inspiration, observez les tableaux de Ben. Il sait ce qu'il fait, il a créé le site, et il est sans aucun doute un épingleur puissant.

Jane Wang

2,827,501 suiveurs

128 suivis

90 tableaux

15,428 épingles

1,629 likes (j'aime)

La mère de Ben est également une personne de qui apprendre. Elle est en réalité l'épingleur le plus suivi, de loin. Jane a réussi à créer près de 100 tableaux, tous sur un large éventail de centres d'intérêt comme les "problèmes", les "pieuvres", les "mecs", les "jeux avec les enfants" ou les "alternatives au bricolage à l'infini".

Si vous avez examiné ces épingleurs extraordinaires (des marques et des individus), vous devez à présent avoir une meilleure compréhension de la bonne manière d'approcher Pinterest. Le facteur important est que tous partagent leur intérêt pour ce qu'ils font, ainsi que leur souhait sincère de partager leur passion. Si vous avez la même attitude, vous n'aurez aucun problème pour exceller une fois que vous serez habitué à Pinterest et, un jour, vous pourriez même devenir vous-même un épingleur puissant !

9
STRATÉGIES AVANCÉES SUR PINTEREST

Actuellement, les acteurs mondiaux pour la recherche sont Google pour les recherches textuelles, YouTube/Google pour les recherches de vidéos, Visual.ly pour les recherches d'infographiques et Pinterest pour les recherches d'images.

Maintenant que nous avons appris les bases de Pinterest et vu certains des maîtres de l'épinglage, dans ce chapitre, je souhaiterais vous guider dans des stratégies plus avancées, comme le SEO sur Pinterest ou comment suivre et mesurer les résultats sur Pinterest.

SEO sur Pinterest

Jusqu'ici, nous avons vu comment Pinterest pouvait être fantastique pour votre société, mais êtes-vous prêt pour Pinterest ? Une bonne optimisation de votre site web, de votre profil Pinterest, des épingles et des tableaux peut vous aider à être trouvé, épinglé, réépinglé et suivi, et par conséquent à augmenter le trafic vers votre site.

1. VOTRE SITE EST-IL OPTIMISÉ POUR L'ÉPINGLAGE?

Afin que votre site soit optimisé pour Pinterest, il est grandement recommandé que:

a)   vous utilisiez des liens permanents

b)   toutes vos publications aient une image visuellement attrayante

c)   toutes vos images aient des balises alt et des filigranes avec votre URL

d)   vous installiez les boutons "Follow me" (Me suivre) et "Pin it" (Epingler). Les deux boutons amèneront les gens vers votre profil Pinterest où ils pourront choisir s'ils veulent suivre un de vos tableaux ou tous les suivre.

Pour installer le bouton "Follow me" (Me suivre) sur votre site WordPress

1.   Sélectionnez le type de bouton que vous souhaitez voir apparaître sur votre site

Follow me on *Pinterest*   `<a href="http://pinterest.com/GlobalDigital"><img src="http://pass`

Pinterest

2.   Copiez le code fourni à droite du bouton

3.   Allez dans Dashboard > Appearance > Widgets > Available Widgets (Tableau de bord > Apparence > Widgets > Widgets disponibles)

4.   Placez un widget textuel là où vous souhaitez que votre bouton apparaisse

5.   Collez le code

6.   Remplacez "username" (nom d'utilisateur) par votre nom d'utilisateur Pinterest, et enregistrez.

Pour installer le bouton "Pin it" (Epingler) sous vos publications sur votre site WordPress:

La manière la plus simple d'avoir un contrôle complet sur ce qui est épinglé à partir de votre site est d'installer le <u>bouton du plugin "Pin it" (épingler) de Pinterest</u> qui a déjà été téléchargé 20.000 fois. Avec ce plugin, vous pouvez choisir où vous voulez que votre bouton "Pin it" (Epingler) apparaisse: au-dessus ou sous les publications, sur votre page d'accueil, sur des publications individuelles, sur des pages statiques et sur des archives.

2. OPTIMISEZ VOTRE PROFIL SUR PINTEREST

Pour optimiser votre profil Pinterest, assurez-vous de lier votre site et vos comptes Facebook et Twitter, et également d'inclure vos mots de passe dans la section "first or last name" (prénom ou nom de famille) et dans la section "about" (à propos de) sur Pinterest. Pour votre nom d'utilisateur, je vous suggèrerai d'ajouter le nom de votre société. Pour le SEO local, je vous recommande d'inclure votre ville dans autant de sections que vous le pouvez. Vous pouvez également ajouter votre adresse et vos coordonnées complètes.

Afin d'être indexé par des moteurs de recherche, n'oubliez pas de laisser la visibilité sur votre profil sur "off" (désactivée). Votre nom et votre prénom seront les informations qui apparaîtront en tant que titre dans des moteurs de recherche.

Jusqu'à récemment, tous les liens sur Pinterest, y compris celui vers votre site web à partir de votre profil, étaient des "follow links". A présent, les seuls liens "do follow" que vous pouvez obtenir sont ceux issus de l'URL d'une épingle et de l'URL que vous avez incluse dans la description de l'épingle, cependant ils peuvent être facilement remplacés lorsqu'une image est réépinglée.

Un dernier conseil que j'ai à vous donner pour une meilleure optimisation de votre profil Pinterest est d'envoyer l'URL de votre flux RSS à vos annuaires de flux RSS. Pour trouver une liste des annuaires de flux RSS, faites simplement une recherche sur Google, mais je vous recommande d'utiliser www.pingler.com qui vous aidera vraiment. Vous pouvez simplement pinguer votre profil ou juste un tableau.

Flux RSS de l'utilisateur:
feed://pinterest.com/username/feed.rss
Flux RSS d'un tableau:
feed://pinterest.com/username/board/rss

3. OPTIMISEZ VOS TABLEAUX ET VOS ÉPINGLES SUR PINTEREST

Optimisez vos tableaux: assurez-vous d'ajouter une description riche en mots clés, jusqu'à 500 caractères pour chacun de vos tableaux, sans tomber dans l'excès de mots-clés. De plus, choisir la bonne catégorie pour chaque tableau aidera également les utilisateurs à trouver plus facilement vos tableaux.

Lorsque la catégorie n'est pas ajoutée à un tableau, Pinterest demandera aux visiteurs de votre tableau d'en sélectionner une pour vous, et vous pouvez ne pas vouloir cela. Le titre de vos tableaux doit être court et intéressant, et il doit contenir vos mots-clés.

Optimisez vos épingles: comme avec les tableaux, les épingles disposent également de leur propre description, et je vous recommande vivement d'y inclure vos mots-clés séparés par une virgule, ainsi que l'URL source. Et aussi, n'oubliez pas d'ajouter également l'URL dans la section du lien de l'épingle. Lorsque vous ajoutez une description à une épingle, vous pouvez utiliser:

a)   des **hashtags ("#")** devant vos mots-clés afin que votre épingle soit facilement trouvable. N'en utilisez pas plus de trois dans une description

b) des **mentions ("@")** en face du nom d'utilisateur d'un épingleur que vous suivez pour vous engager avec lui/elle

c) des **"likes" (j'aime)** pour les épingles des autres personnes si elles sont intéressantes mais qu'elles ne correspondent pas à vos sujets

Comment suivre et mesurer les résultats sur Pinterest

Lorsqu'une image est épinglée à partir du web, elle obtient automatiquement l'URL source. Si vous présentez du contenu visuel sur votre site, il est possible qu'une partie soit déjà épinglée et que vous obteniez du trafic de la part de Pinterest.

Pour vérifier si votre site a déjà été épinglé et votre URL correctement ajoutée, saisissez le lien suivant sur Google en remplaçant "yourdomain.com" par le domaine de votre site: pinterest.com/source/**yourdomain.com.** Si vous trouvez certaines de vos images et que vous n'êtes pas satisfait de la manière dont elles ont été identifiées, vous pouvez toujours envoyer un e-mail à l'utilisateur et lui demander d'effectuer les corrections requises.

Une fois que vous commencez à télécharger vos propres épingles, je vous conseille de consulter constamment les statistiques des épingles et d'identifier celles qui sont les plus populaires afin de savoir quel type de contenu vous devez partager sur Pinterest.

Pour vérifier les statistiques sur une épingle, cliquez sur l'image comme dans l'exemple ci-dessous et vous pourrez voir le nombre de fois où elle a été réépinglée, aimée ou le nombre de commentaires qu'elle a reçus.

 **Global & Digital**
Repinned 9 days ago

jcrew

 Add a comment...

Pinned onto the board
Women Tops   Edit

Originally pinned by
Global & Digital

Pinned via pinmarklet from
jcrewing.tumblr.com

1 Repin

 Cinthya Biancalani onto
Into Feminine Total

1 Like

Il existe également un outil très utile sur internet qui vous aide à **mesurer votre popularité et votre influence sur Pinterest**. Pour vous inscrire sur Pinpuff (pinpuff.com), saisissez simplement votre adresse e-mail et votre nom d'utilisateur. Vous obtenez des statistiques comme des scores pour votre compte, pour sa portée, pour son activité ou pour sa viralité, ainsi que sur le nombre de suiveurs et de suivis, de "j'aime" et d'aimés, d'épingles et de tableaux, de rééépinglages, etc... Pour espionner vos concurrents, vous avez besoin de leurs noms d'utilisateur, puis vous devez saisir l'URL suivante dans Google en remplaçant "username" par le nom d'utilisateur Pinterest de votre concurrent. http://pinpuff.com/user/username

Nous avons vu précédents que certains des épingleurs puissants étaient des marques et des individus. Si vous recherchez des personnes à suivre, vous pouvez commencer par eux et également consulter un outil appelé Zoomsphere (http://www.zoomsphere.com) qui montre **les personnes ou les marques les plus influentes sur Pinterest**, Facebook, Twitter, Google+, YouTube ou Linkedin. Vous pouvez y accéder gratuitement, et il est mis à jour toutes les semaines.

Les personnes les plus suivies sur Pinterest

Image 18: Source Zoomsphere

Les marques les plus suivies sur Pinterest

Image 19: Source Zoomsphere

Pour suivre le trafic et les ventes vers votre site, nous vous recommandons **Google Analytics** et <u>Pintics</u> qui vous aide à suivre plusieurs comptes Pinterest, cependant il est encore en version beta, vous devez donc demander une invitation.

10

22 OUTILS POUR AMÉLIORER VOTRE EXPÉRIENCE SUR PINTEREST

Bien que Pinterest ait réussi à développer sa base utilisateurs sur une très courte période de temps, plusieurs sociétés ont remarqué le développement et l'intérêt croissants pour Pinterest et ont créé des applications associées et des outils d'aide pour améliorer votre expérience sur Pinterest. Ceci n'est pas une nouveauté, puisque nous avons observé des développements similaires avec Twitter, Facebook ou YouTube.

ZoomSphere

Avec ZoomSphere, les utilisateurs peuvent obtenir des mises à jour et des tendances populaires à partir de Pinterest et d'autres sites de réseaux sociaux (Facebook, Twitter, YouTube, Google+ et Linkedin) sur une seule page et sur un seul compte.

Pinerly

De la même manière que Twitter Karma, Pinerly est un tableau de bord convivial qui permet un contrôle et une gestion clairs de votre compte Pinterest. En utilisant cet outil, vous pouvez facilement suivre des épingleurs, arrêter de les suivre, en savoir plus sur les épingles populaires et obtenir des statistiques sur les épingles. La fonction la plus positive de Pinerly est peut-être son "Schedule Pins" (Programmer des épinglages) similaire à Social Oomph pour Twitter, grâce à laquelle il est possible d'automatiser l'épinglage et le réépinglage de certaines publications.

Pintics

Pintics est principalement un outil d'analyse. L'objectif premier de Pintics est de fournir des données concernant le trafic que votre tableau peut générer. Il peut permettre de gérer de multiples comptes tout en suivant le trafic et d'autres informations associées aux ventes. L'outil est en phase de beta privée, et il est possible de s'inscrire pour obtenir une invitation.

PinReach (précédemment appelé PinClout)

PinReach est un autre outil d'analyse qui peut être utilisé pour obtenir des tendances et pour comprendre l'activité d'un compte. PinReach publiera un score basé sur ces activités et sur ces tendances, et le score évoluera pour déterminer à quel point un compte est influent.

Pinpuff

Pinpuff est un autre outil pour estimer les tendances, et il mesure la popularité d'un compte parmi les utilisateurs de Pinterest, ainsi que la valeur de chaque épingle. L'outil est actuellement en beta test et il n'est pas encore ouvert à tous.

Curalate

Curalate est le dernier outil d'analyse que je recommande d'utiliser pour suivre, mesurer et contrôler la présence de conservation sociale de votre marque. Tous les outils d'analyse mentionnés dans ce livre sont encore en beta. Je vous suggère donc de vous inscrire sur tous et de les utiliser pendant un certain temps avant de décider de celui qui fournit les données dont vous avez besoin.

Pin A Quote

Bien que Pinterest porte principalement sur des images, les citations et le contenu ne peuvent pas être exclus. Avec PinAQuote vous pouvez mettre en valeur et épingler du texte à partir de n'importe quelle source web sur Pinterest. Il peut également être utilisé pour partager le même contenu au même moment vers de multiples autres réseaux sociaux.

SpinPicks

Cette application pour faire tourner des images s'appelait à l'origine "Spinterest" et, après quelques réformes, elle a désormais son nouveau nom de marque, "SpinPicks". L'application permet aux utilisateurs de se connecter avec leur compte Pinterest ou avec un compte indépendant, et de faire tourner des images issues de plateformes visuelles différentes comme Pinterest, Instagram, Twitpic, Flickr, Reddit, YouTube et PicPlz. Les seules plateformes exclues de cette liste sont Google.com, Facebook.com, Tumblr et Bing afin d'éviter les problèmes liés aux droits d'auteur. Il existe également d'autres fonctionnalités comme le fait d'épingler ou d'aimer un tableau, ou même de suivre un utilisateur spécifique, mais l'utilisateur devra être connecté à Pinterest.

Cependant, je dirais que la meilleure fonctionnalité est l'"auto-spin" (rotation automatique) où il est possible de choisir une catégorie et la plateforme visuelle à partir de laquelle vous souhaitez chercher du contenu, puis de cliquer sur "cliquer pour faire tourner". Quelques secondes plus tard, SpinPicks vous suggèrera du contenu extraordinaire que vous pourrez alors réépingler vers votre tableau Pinterest.

WiseStamp

WiseStamp est probablement un des meilleurs outils à utiliser avec Pinterest car il transforme une signature e-mail en un outil promotionnel en ajoutant le bouton "Follow Me On..." (Me suivre sur...) (n'importe quel réseau social, y compris Pinterest) en bas de la signature de vos e-mails. Vous aurez besoin de télécharger cet outil et de le personnaliser avec votre signature e-mail et des liens vers vos comptes de médias sociaux, et vous serez prêt. Pour les Pinteresters, WiseStamp a une surprise. Une fois que vous créez votre signature et que vous l'épinglez sur votre tableau Pinterest avec l'étiquette "@WiseStamp" dans la description, WiseStamp la réépinglera sur son tableau "Your Signature Here!" (Vos signatures ici !). N'oubliez pas d'ajouter votre lien à la signature épinglée.

Snapito

Snapito est une application qui permet à un utilisateur de saisir l'adresse d'un site web et de faire une capture d'écran de toute la page et de la publier directement sur Pinterest. Ajouter un horodateur pour garder une archive de la capture d'écran ou télécharger toute la page web au format png sont également des actions possibles à partir de Snapito.

Visual.ly

Visual.ly est un outil qui permet de créer un contenu graphique en utilisant les données dont vous disposez sans aucun logiciel ou sans connaissances approfondies de l'animation ou sans graphique d'aucune sorte. Pinterest étant un site d'images, et par conséquent de contenu graphique, Visual.ly est certainement un outil unique qui sera utile pour presque tous les utilisateurs ayant un compte sur Pinterest.

Pingler

Pingler est un outil gratuit qui permet aux utilisateurs de pinguer un site web ou une page web vers de multiples sites web, blogs et forum, ou sur des sites de réseaux sociaux. En utilisant Pingler, il peut être simple de saisir le nom du site web ou de la page web, de télécharger l'URL du site web et de décider de la catégorie où il/elle doit être épinglé(e) ou publié(e). Il propose un abonnement gratuit ainsi qu'un abonnement premium, avec des fonctionnalités supplémentaires.

PicSlice

PicSlice est l'application qui peut être utilisée pour découper, redimensionner ou rogner vos images avant de les télécharger sur Pinterest.

Extensions de Google Chrome

Il est probablement attendu que lorsqu'un site de réseau social ou de service en ligne devient viral, les navigateurs web populaires créent des outils et des extensions pour manipuler facilement la publication de contenu. Google Chrome n'est pas à négliger sur de tels aspects, et voici quelques extensions qui sont déjà disponibles gratuitement.

ShotPin

ShotPin permet de faire une capture d'écran d'une page web, d'une vidéo, d'une image, ou de quoi que ce soit qui peut s'afficher sur votre navigateur, et de le publier, ou de l'épingler, directement sur Pinterest.

Pinzy

Pinzy est une application sympathique à posséder. Une fois que vous avez installé cette extension, vous n'avez pas besoin de cliquer sur une image sur Pinterest pour avoir une vue plus grande, et il n'est pas non plus nécessaire de l'ouvrir dans une autre fenêtre ou dans un autre onglet. Vous pouvez simplement faire glisser votre souris en haut de l'image, et cette dernière apparaîtra dans une taille supérieure avec la même qualité de résolution sans altérer la page.

Screen 2 Pin

Il s'agit de nouveau d'un outil pour publier une capture d'écran de n'importe où sur le web directement sur Pinterest. La différence avec les autres outils est que vous n'avez pas besoin de saisir une URL ou de faire une capture d'écran en utilisant une touche du clavier. Vous pouvez simplement cliquer sur l'icône de la barre d'outils qui saisira automatiquement l'URL sur laquelle vous êtes, et vous pouvez la publier directement. Le même outil d'extension sur Google Chrome peut également être utilisé pour publier des captures d'écran sur Twitter et Facebook.

Pin Search

Pin Search va probablement être l'application la plus intéressante que nous allons rencontrer. Cela fait longtemps que nous cherchons tous du contenu en utilisant du texte. A présent, nous pouvons utiliser Pin Search pour recherche une image et recueillir toutes les informations associées à l'image: les sites où l'image est affichée, les images similaires et d'autres détails, comme le créateur ou le photographe qui l'a créée.

Bouton Pinterest Pin It (Bouton Pinterest Epingler) (par Shareaholic)

Bien qu'il existe plusieurs "Pinterest Pin It Buttons" (Boutons Pinterest Epingler) disponibles en ligne, celui de Shareaholic permet également à l'utilisateur d'apprendre combien de fois une épingle particulière a été réépinglée. Il s'agit sans aucun doute d'une nouvelle fonctionnalité dont de nombreuses personnes aimeront tirer parti.

Extended Share pour Google Plus

Cette extension pour Google Chrome permet aux utilisateurs d'ajouter un lien "Share on..." (Partager sur...) vers chaque publication Google Plus. Et vous pouvez ajouter jusqu'à 19 liens vers des réseaux sociaux: Pinterest, Facebook, Twitter, Linkedin, Tumblr, StumbleUpon, etc...

Plug-ins WordPress

WordPress est probablement un des outils les plus couramment utilisés pour publier du contenu en ligne, et il n'est pas surprenant que des plugins aient été créés pour Pinterest.

Plug-in Pinterest Pin It Button

Il permet d'ajouter le bouton "Pin It" (Epingler) à votre site ou à vos publications WordPress afin que les lecteurs sachent qu'ils peuvent facilement épingler votre contenu visuel sur leurs tableaux Pinterest.

Plugin Pretty Pinterest Pins

Avec le widget "Pretty Pinterest Pins", vous pouvez facilement créer une barre latérale personnalisée et ordonnée où vous pouvez publier toutes les épingles récentes sur Pinterest ou des épingles provenant de tableaux spécifiques (les vôtres ou ceux d'autres utilisateurs). Il s'agit d'une manière pratique de mettre en valeur du contenu que vous voulez, ainsi que la qualité de votre profil d'un coup d'œil. Disposer d'un bouton "Follow me on Pinterest" (Me suivre sur Pinterest" en bas de Pretty Pinterest Pins est également une excellente idée.

Plug-in Watermark Reloaded

Il existait déjà quelques problèmes de droits d'auteur avec Pinterest à ses débuts et, à chaque fois qu'il s'agit d'images et de vidéos, il est évident qu'il y aura des violations de droits d'auteur. Watermark Reloaded est un outil simple pour mettre votre signature en filigrane sur les images dont vous êtes propriétaire. Il s'agit peut-être de la manière la plus simple de vous assurer que vos images sont protégées et qu'elles ne peuvent pas être mal utilisées ou largement distribuées sans une reconnaissance de votre propriété.

11
OÙ EN EST-ON AUJOURD'HUI?

Il ne s'agit que de quelques-unes des choses que vous pouvez faire sur Pinterest en tant que société. Il est à présent temps de commencer à épingler. Pinterest décolle maintenant, et l'opportunité est immédiate. Il existe de nombreux stratèges web qui affirment qu'il pourrait dépasser Facebook. Je ne commenterai pas cette possibilité, car Facebook a lui-même été un phénomène, cependant je voudrais signaler que Pinterest s'est développé rapidement, et qu'il a déjà dépassé en trafic de nombreux autres sites de réseaux sociaux. Il se développe et il le fait rapidement. Si vous l'utilisez bien, il peut s'agir d'un meilleur outil que Facebook, Google+ et Twitter réunis, non seulement en raison de sa rapidité et de son potentiel de développement, mais également grâce à son approche unique.

Jusqu'ici, Pinterest a prouvé qu'il peut aider à grandement améliorer le trafic vers votre site web, il augmente les ventes, mais il organise également des concours et des études marketing, et il permet de faire la publicité de votre nom auprès de millions d'épingleurs. Que pouvez-vous demander de plus à un outil marketing ?

En résumé, je souhaiterais indiquer toutes les étapes clés que j'ai mentionnées dans ce livre qui aideront à transformer votre expérience en un épinglage efficace.

Etape 1: Décider de si votre compte Pinterest est destiné à une utilisation personnelle ou professionnelle

Etape 2: Définir votre objectif sur Pinterest: diriger du trafic vers votre site, générer des leads, augmenter les ventes, construire la notoriété de votre marque, faire des études de marché, tester de nouveaux concepts de produits ou même informer.

Etape 3: Connaître votre marché cible. Toute société peut réussir sur Pinterest avec un peu de créativité. Par exemple, de nombreuses images de marques populaires comme Apple, Microsoft et IBM sont épinglés tout le temps.

Etape 4: Définir les mesures de la réussite - quels résultats avez-vous besoin d'obtenir pour vous considérer comme efficace sur Pinterest

Etape 5: Obtenir une invitation. Il existe des manières rapides pour ce faire: à partir du site, auprès de moi ou de quelqu'un que vous connaissez personnellement, ou sur le web.

Etape 6: Créer votre compte en vous inscrivant soit avec Facebook, soit avec Twitter

Etape 7: Installer le bookmarklet "Pin It" (Epingler) dans votre navigateur

Etape 8: Optimiser votre site pour Pinterest

Etape 9: Optimiser votre profil Pinterest

Etape 10: Définir une stratégie de contenu et créer des tableaux intéressants. Soyez créatif avec vos tableaux et faites en sorte que les titres soient courts. Soyez personnel: créez un tableau qui raconte l'histoire de votre société de manière visuelle. Pas de tableaux vides. Mettez les tableaux les plus populaires en haut. Ayez au moins 8 tableaux avec 5 épingles chacun. Optimisez vos tableaux.

Etape 11: Commencer à épingler ! Epinglez votre propre blog ou votre propre site web. Epingler des choses d'autres personnes. Epingler des choses de tous les jours et des lots. Ajoutez des prix si vous vendez des produits

Etape 12: Optimiser vos épingles. Ajoutez des légendes adaptées, modifiez vos liens, ajoutez des prix, utilisez des vidéos et créez du contenu original. Avec des épingles puissantes, vous pouvez vous détendre car une fois qu'elles seront virales, d'autres travailleront pour vous

Etape 13: Bâtir la crédibilité et l'expertise par l'intermédiaire de vos épingles : enseignez (des vidéos, des infographiques, apportez une solution à un problème), partagez des résultats (avant et après), racontez votre histoire et ajoutez de la valeur

Etape 14: Vous engager avec votre public; réépinglez, commentez, aimez, mentionnez, faites des promotions croisées avec d'autres réseaux sociaux. Trouvez des épingleurs influents

Etape 15: Etre créatif avec vos tableaux et vos épingles. Ils sont comme une page de votre site: des sondages sous la forme d'une image et les gens peuvent faire des commentaires sous cette dernière, des concours pour les meilleurs témoignages ou slogans, des coupons, des codes

QR avec un message surprise, des tableaux pour les épingleurs invités, les épingles de la semaine, des lots de produits exclusifs, des invitations à un évènement, des groupes centrés sur un produit où les personnes votent avec des "likes" (j'aime), des liens vers des cadeaux pour créer votre liste, etc...

Etape 16: Résultats du suivi et des mesures. Vous ne devez pas faire des choses sans savoir si elles apportent de la valeur

Etape 17: Utiliser tous les goodies Pinterest. Utilisez les outils recommandés dans ce livre.

J'espère que vous avez apprécié ce livre et que vous l'avez trouvé extrêmement utile en tant qu'utilisateur actuel ou potentiel de Pinterest, que ce soit en tant que consommateur, que commercial ou que professionnel du marketing en ligne.

J'apprécierais si vous acceptiez de partager votre avis avec d'autres lecteurs d'Amazon. Si vous avez encore besoin d'une invitation pour Pinterest, ou si vous avez des questions liées aux sujets évoqués dans ce livre, n'hésitez pas à m'envoyer un e-mail à globalndigital@gmail.com. Sinon, vous pouvez me suivre sur Pinterest: pinterest.com/GlobalDigital ou sur Twitter: www.twitter.com/GlobalnDigital.

Etant donné que je continue mes recherches et mes tests sur Amazon, je ferai des mises à jour pour ce livre. Comme vous le savez déjà, je le ferai simplement en faisant des ajouts à mon livre et en téléchargeant le nouveau livre sur Amazon. Cependant, cela signifie que vous ne bénéficierez pas de mes nouvelles recherches et de mes nouveaux tests. Veuillez m'envoyer un e-mail à globalndigital@gmail.com afin que je sache que vous êtes intéressé par le fait de recevoir des copies actualisées de ce livre dès qu'elles sont publiées.

Bon épinglage !

A PROPOS DE L'AUTEUR

Gabriela Taylor est une consultante en e-marketing international formée à l'étranger qui a travaillé avec certaines des plus grandes marques du monde dans les secteurs des télécommunications, de la vente au détail, des styles de vie et de la publicité.

Experte et spécialiste reconnue dans les réseaux sociaux, le marketing mobile, la publicité au paiement par clic et dans le référencement web, elle parle 7 langues couramment, elle a vécu et travaillé dans de nombreux pays du monde entier, et elle est expérimentée dans la mise en place efficace de stratégies en termes de présence sur le web à la fois pour les startup et pour les grandes organisations établies.

Elle est la fondatrice de Global N' Digital, une société de conseil spécialisée dans les services de marketing en ligne et dans les pratiques d'entreprise interculturelles dans le monde entier.

AUTRES TITRES DE GABRIELA TAYLOR:

The Ultimate Guide To Building And Marketing Your Business With ...

A Step By Step Guide To Unlocking The Power Of Google Tools And Maximizing Your Online Potential

GABRIELA TAYLOR